Jutta Mügge
Eckhard Bieger SJ

Herausforderung: Ehrenamt in der Kirche

Ein praktischer Leitfaden

Ideen – Tipps – Lösungen

Jutta Mügge
Eckhard Bieger SJ

Herausforderung: Ehrenamt in der Kirche

Ein praktischer Leitfaden
Ideen – Tipps – Lösungen

benno

Bibliografische Information Der Deutschen Bibliothek
Die Deutsche Bibliothek verzeichnet diese Publikation
in der Deutschen Nationalbibliografie;
detaillierte bibliografische Daten sind im Internet über
http://dnb.ddb.de abrufbar.

Besuchen Sie uns im Internet:
www.st-benno.de

ISBN 978-3-7462-2600-2

Stammerstr. 11, 04159 Leipzig
Umschlag: Ulrike Vetter, Leipzig, unter Verwendung der Fotos von
© Franz Josef Rupprecht, www.kathbild.at (4) und © KNA-Bild, Bonn (3)
Gesamtherstellung: Arnold & Domnick, Leipzig (A)

Inhalt

Vorwort 7

Einleitung 8

1. Mit Menschen umgehen 10

1.1 Mehr Person werden 10

1.2 Die Motivation ist die Wurzel des Ehrenamtes 17

1.3 Jeder bringt etwas Einmaliges mit 19

2. Leitungskunst im Ehrenamt 22

2.1 Leitung folgt einem Auftrag 22

2.2 Ehrenamtliche Leitung orientiert sich an den Werten des Leitbildes/Profiles 24

2.3 Ehrenamtliche Leitung in kirchlichen Gremien und Vereinen 35

2.4 Leitung schafft sich eine Basis 40

2.5 Rollenklarheit erleichtert das Ehrenamt 52

2.6 Einen Vorstand, ein Gremium führen und Gespräche moderieren 55

2.7 Die Gruppe geht ihren Weg 71

2.8 Mit Konflikten und Machtkämpfen rechnen 78

3. Die eigene Persönlichkeit entwickeln 96

3.1 Eigene Stärken und Schwächen einschätzen 96

3.2 Pfarrfest in St. Thomas 105

3.3 Mit Rivalität rechnen 116

3.4 Meine Ressourcen 120

3.5 Was mache ich, wenn ich scheitere 122

4. Die Sorge für das Ehrenamt 128

4.1 Das kreative und spirituelle Potential des Ehrenamtes 128

4.2 Ehrenamtliche begleiten und fördern 134

Checkliste – Mitarbeitergespräch 137

Vorwort

Warum lohnt es sich für Sie, dieses Buch zu lesen?

Wer sich ehrenamtlich engagiert, will sich für etwas Größeres einsetzen und dort auch mit seinen bzw. ihren individuellen Begabungen etwas Besonderes bewirken.
Auch Sie wollen mit ehrenamtlicher Tätigkeit mehr aus Ihrem Leben machen und Ihre Lebenszeit für Ihre persönliche Entwicklung nutzen.
Wir möchten Sie in Ihrer Motivation unterstützen und aufzeigen, wie Sie Ihre persönlichen Begabungen und die anderer gezielt und erfolgreich für das Gemeinwesen einsetzen können. Sie erhalten einen Überblick über die Kompetenzen, die Sie in der ehrenamtlichen Leitung entwickeln können. Sie gewinnen Sicherheit für die Leitung und Moderation von Gruppen und Gremien, erfahren die Gesetzmäßigkeiten von Gruppenprozessen und worauf Sie achten müssen und können Ihre eigene Rolle deutlicher definieren. Sie entlasten sich, weil nicht alles an Ihnen hängen bleiben muss. Sie erkennen, was Sie delegieren können, und sehen Spielräume für das, was Sie selbst entscheiden wollen.
Da Sie auch in Ihrer ehrenamtlichen Tätigkeit mit Schwierigkeiten konfrontiert werden und diese oft viel Kraft kosten, unterstützen wir Sie darin, mit kritischen Situationen und Konflikten besser fertig zu werden. Sie erfahren, welche Bedeutung verbindliche Vereinbarungen gerade für die kritische Phase im Gruppenprozess haben.

Mit Ihrem ehrenamtlichen Engagement in der Kirche geben Sie ein explizites Zeugnis als Christ oder Christin in unserer Gesellschaft und verwirklichen damit Ihr ganz eigenes Charisma. Die Kapitel des Buches zeigen auf, wie Sie das gezielt umsetzen können.

Einleitung

Wer ein Ehrenamt übernimmt, sucht sich meist ein Aufgabengebiet, das sich an den eigenen Kompetenzen und Möglichkeiten orientiert. Es befriedigt, sich damit in Projekten und Aufgaben zu verwirklichen. Gleichzeitig sind diese Kompetenzen in der Kirche und in Vereinen und Verbänden unserer Gesellschaft sehr gefragt. Wir brauchen Ehrenamtliche, die bereit sind, ihren Teil zum Gelingen in unserer Gesellschaft beizutragen. Es ist auch eine Herausforderung, eine ehrenamtliche, und damit meist leitende Aufgabe, zu übernehmen, die nicht durch Hierarchien abgesichert ist und in der man mit Menschen zu tun hat, die sich ebenfalls ehrenamtlich engagieren. Es gibt keine Arbeitsverträge, oft wenig Verbindlichkeiten und in den meisten Fällen keine klar umschriebenen Verantwortungsbereiche. Das ist interessant, macht es aber für Ehrenamtliche nicht leichter.

Das Buch legt den Akzent auf die Leitung, weil dieser Aspekt meist untergeht. Denn faktisch beinhaltet fast jedes Ehrenamt eine Leitungsaufgabe, weil es immer um den Umgang mit Menschen geht. Konkret sind das z.B. die Leitung einer Firmgruppe, einer Jugendmannschaft, die Vorbereitung eines Festes, die Organisation eines Projektes etc. Auch gibt es formelle Leitungsämter wie z.B. Vorsitzende von Gremien, Vorständen, Vereinen, aber auch hier übernehmen die Mitglieder dieser Gremien Leitung in ihren Schwerpunktaufgaben. Auf jeden Fall haben fast alle ehrenamtlich Tätigen mit Menschen zu tun und stehen damit in der Verantwortung, diese im Sinne der Werte der Institution zu führen.

Da stellen sich viele Fragen: „Was ist überhaupt in diesem Arbeitsfeld zu tun? Wie bekomme ich als Ehrenamtliche/r die Akzeptanz der Gruppe? Wie kann ich die Treffen, Sitzungen, Zusammenkünfte so leiten, dass sich die Gruppenmitglieder wohlfühlen und zugleich effektives Arbeiten möglich ist? Was kann ich delegieren, was muss ich selbst tun? An was kann ich mich halten, ausrichten und rückbinden? Welche Entscheidungen muss ich selbst treffen, welche mit der Gruppe, und was kann ich nicht entscheiden? Wie kann ich die Begabungen der Mitglieder der Gruppe mehr aktivieren? Wie wird die Motivation der Einzelnen unterstützt? Was ist meine Aufgabe bei Konflikten und Rivalitäten? Auf was kann ich mich bei der Entwicklung neuer Projekte beziehen? Wodurch unterscheidet sich die ehrenamtliche von einer hauptamtlichen Leitung? Bin ich überhaupt zu der Ausübung von Leitung geeignet? Fragen über Fragen, denen sich dieses Buch widmet, damit Sie lange durchhalten und auch kritische Situationen unbeschadet überstehen. Das Buch will das ehrenamtliche Engagement unterstützen und Perspektiven für die persönliche Entwicklung aufzeigen.

1. Mit Menschen umgehen

1.1 Mehr Person werden

Das Ehrenamt wird meist von den Menschen her gesehen, denen es gilt. Kinder brauchen Erwachsene, die ihnen vorlesen, Schüler brauchen Hausaufgabenhilfe, Ältere brauchen Ehrenamtler, die mit ihnen spazieren gehen, für sie einkaufen, ihnen aus der Zeitung vorlesen. Niemand zweifelt daran, dass das Ehrenamt unbedingt notwendig ist. Zugleich brauchen aber viele Menschen das Ehrenamt, um etwas zu verwirklichen, wozu ihnen der Erwerbsberuf nicht die Möglichkeiten gegeben hat.
Vereine, soziale Initiativen, Kirchengemeinden geben dem Einzelnen meist größere Spielräume als die auf strikte Effektivität hin gestrickten Arbeitsplätze in der Wirtschaft oder die zur Abwicklung bestimmter Abläufe organisierten Verwaltungen. Etwas verwirklichen können, wozu das Berufsleben keine Chance geboten hat, das ist der Wert ehrenamtlichen Engagements für viele Menschen.
Sie kommen mit ihrem ehrenamtlichen Engagement näher an den Kern ihrer Persönlichkeit. Dieser Kern ist nicht etwas Statisches, sondern es ist der Lebensentwurf, der aus der Abfolge von Tagen eine einmalige Biografie formt. Einmaligkeit setzt voraus, dass es eine Lebensaufgabe gibt, die nur in dieser einen Person verankert ist und nicht einfach an jemand anderen weiter delegiert werden kann. Deutlich wird das an den Künstlern. Seine Klaviersonaten konnte Schubert nur selbst komponieren, nur Picasso konnte seine Bilder malen, nur Böll seine Romane schreiben. Zum Künstler ist jeder berufen, nämlich seinem Leben eine einmalige Gestalt zu geben. Das Ehrenamt bietet oft viel mehr als die berufliche Karriere Raum, das Besondere der eigenen Person herauszuarbeiten.

Denn es muss etwas von außen kommen, damit das Innere unserer Person aus der latenten Unbestimmtheit des Möglichen heraustritt und wirklich wird. Nur der ist tatsächlich ein Maler, der Bilder malt, nur der ein Bergsteiger, der sich auf den Weg zum Gipfel macht, nur der ein Sportler, der an Wettkämpfen teilnimmt.

Die Arena des Ehrenamtes ist nicht die berufliche, sportliche oder künstlerische Begabung, sondern die der menschlichen Beziehungen. Deshalb gehört das Ehrenamt zum Lebenselexier der Gesellschaft, weil hier die Kunst der Beziehungsgestaltung nicht nur in Sonntagsreden gefordert, sondern in Wirklichkeit umgesetzt wird. Deshalb ist das Ehrenamt auch der Nährboden, aus dem demokratisches Engagement wächst.

Die Wirtschaft garantiert nicht mehr die freie Entfaltung des Einzelnen

Im Ehrenamt geht es um eine größere Freiheit und damit um mehr Demokratie. Denn Demokratie kann sich nicht darin erschöpfen, hin und wieder zur Wahl zu gehen und sich in den Medien über politische Entwicklungen zu informieren. Demokratie als gelebte Form der Freiheit bietet dem freien Unternehmen Spielräume, die eine Staatswirtschaft nicht vorsieht. Deshalb ist eine freie Wirtschaft ein wichtiger demokratischer Faktor. Jedoch ist die Wirtschaft dadurch eingeengt, dass alles unter dem Kostengesichtspunkt betrachtet wird.

Die Zeit des Unternehmers, wie die der Mitarbeiter, muss so eingesetzt werden, dass am Ende ein Plus in der Jahresrechnung erscheint. Der Zwang, mit möglichst jedem Handgriff einen Überschuss zu erwirtschaften, wird durch das Finanzsystem des Kapitalismus noch verschärft. Denn dieses System muss die Gewinninteressen der Kapitalgeber befriedigen. Die Börsenkurse treiben dazu an, möglichst hohe Renditen zu erwirtschaften. Der einfachste Weg zu höheren Gewinnen ist die immer striktere Organisation der Arbeitsabläufe mit dem Ziel, die Arbeitskosten zu minimieren.

Weil gewinnstarke Firmen durch das Effektivitätsdenken immer mehr an Kreativität einbüßen, braucht es junge Unternehmen, die Innovationen auf den Markt bringen. Setzt sich eine Innovation durch, wird das Unternehmen von einem der Großen aufgekauft. Die einseitige Ausrichtung an Renditen schränkt den Freiheitsraum des Einzelnen an seinem Arbeitsplatz immer mehr ein. Das führt auf Dauer zu einer Strangulierung der Gesellschaft. Weil in einer vom Kapitalismus dominierten Gesellschaft die Freiheitsräume immer enger werden, ist das Ehrenamt politisch notwendig. Denn wenn eine Gesellschaft dem Einzelnen keine Entfaltungsräume mehr eröffnet, sondern alles am Geld ausrichtet, dann ist der Einzelne nicht mehr frei, und dann verschwindet das demokratische Bewusstsein, selbst mit seinem Leben etwas anzufangen. Das Ehrenamt wird dann nicht nur dadurch notwendig, dass z.B. Pflegeleistungen für alte Menschen nicht mehr finanzierbar sind oder das Geld fehlt, dass die Schulen selbst Kräfte für die Hausaufgabenhilfe einstellen, sondern es geht noch grundlegender um Demokratie. Diese soll ja nicht nur den größtmöglichen Wohlstand hervorbringen, sondern dem Einzelnen die Möglichkeiten bieten, seine Person zu entwickeln.

Je weniger die Berufswelt diese Freiheitsräume zur Verfügung stellt, desto dringlicher wird das Ehrenamt. Das lässt sich auch daran ablesen, dass die Unternehmen immer noch viele Menschen vor Erreichen der Altersgrenze in den

Ruhestand schicken. Das senkt die Arbeitskosten des einzelnen Unternehmens, denn Jüngeren kann man ein geringeres Gehalt zahlen.
Was bietet aber die kapitalistische Wirtschaft den Früh-Pensionären an: Es sind Konsum- und Reiseangebote. Die Menschen, die noch nicht pflegebedürftig sind, sondern sich meist einer guten Gesundheit erfreuen, müssen unterhalten werden. Erfahrene Männer und Frauen, die beruflich etwas geleistet haben, werden von der Gesellschaft wie große Kinder behandelt, die man um die Welt fahren lässt, für deren Person sich aber niemand interessiert. Dass viele Ältere sich um ihre Enkel kümmern, ist eine Möglichkeit, ihre Lebenserfahrung einzubringen und sich neuen Herausforderungen zu stellen. Dass nicht wenige Frühpensionäre darauf verzichten, ihren Ruhestand zu „genießen" und sich eine Aufgabe suchen, zeugt von dem gesunden Empfinden, dass der Konsum nicht geeignet ist, sich als Mensch weiterzuentwickeln. Diese Menschen sind unentbehrlich für eine demokratische Gesellschaft, und sie sollen sich nicht als Lückenbüßer für nicht mehr bezahlbare Pflegeleistungen verstehen, sondern als Demokraten, die nämlich persönliche Herausforderungen nicht an den Staat oder die Pflegekassen delegieren, sondern selbst in die Hand nehmen.
Es geht um das Beziehungsgefüge einer demokratischen Gesellschaft, von der immer noch behauptet wird, dieses würde durch das freie Unternehmertum gewährleistet. Das trifft aber nicht mehr zu. Auch die politischen Parteien leisten das immer weniger, was sich an den sinkenden Mitgliederzahlen ablesen lässt. Dies lässt darauf schließen, dass immer weniger Menschen davon ausgehen, durch Mitarbeit im Ortsverband einer Partei Leben gestalten zu können.

Ehrenamt um der eigenen Person willen

Wer sich ehrenamtlich engagiert, sollte das nicht zuletzt aus Interesse für die eigene Person tun. Dieses Interesse zielt nicht darauf, möglichst viele Vorteile für sich selbst herauszuholen, sondern durch die Aufgabe, der man sich stellt, seine Person zu entwickeln. Je mehr Menschen sich für die Entwicklung ihrer Persönlichkeit interessieren, desto besser für die anderen und für die Entwicklung der Demokratie. Denn eine Demokratie ist nur dann lebensfähig, wenn Menschen ihre Freiheit verwirklichen. Eine Konsumgesellschaft will den Menschen erklären, dass mit der Auswahl an Waren auch die Freiheit wachse. Jedoch erleben immer mehr Menschen, dass dieser Konsum mit erheblichen persönlichen Einbußen erkauft wird. Der größere Druck durch Gewinnorientierung wird nicht mehr dadurch kompensiert, dass man als Käufer aus einem immer größeren Warenangebot auswählen darf. Die politische Bedeutung des Ehrenamtes besteht heute darin, ein Korrektiv zu dem verengten Freiheitsbegriff einer Konsumgesellschaft zu leben. Freiheit entsteht ja nicht im Supermarkt, sondern zwischen Menschen, die ihr Zusammenleben gestalten, so dass sie gemeinsam auch Krisen und Belastungen durchstehen. Diese Aufgabe hört nicht mit dem Erreichen der Pensionsgrenze auf. Deshalb gestaltet der, der im Alter ein Ehrenamt übernimmt, das Zusammenleben. Wer noch im Berufsleben steht, sollte sich auch der Frage nach einem ehrenamtlichen Engagement stellen.

Beruflich flexibel bleiben

Für die meisten Menschen besteht der berufliche Alltag aus vielen Routinen. Weil Arbeitsplätze in der Wirtschaft daher oft zur Einengung des Blickwinkels führen, sind Unternehmen immer weniger in der Lage, Veränderungen, die die technischen Entwicklungen und die Globalisierung ihnen aufzwingen, mit ihrem Mitarbeiterstab zu meistern. Auch das ist ein Grund, warum so viele ältere Arbeitnehmer in den Vorruhestand gedrängt werden. Es sind ja nicht einfach wirtschaftliche Zwänge, dass es große Unternehmen wie die Farbwerke Höchst oder die Metallgesellschaft nicht mehr gibt. Diese Arbeitsplätze und viele an anderen Orten sind auch deshalb verloren gegangen, weil die Mitarbeiterschaft den technischen Wandel und die notwendigen Innovationen nicht geleistet hat. Deshalb motivieren Unternehmen inzwischen ihre Mitarbeiter zu ehrenamtlichem Engagement. Denn, wie oben beschrieben, bietet das Ehrenamt sehr viel mehr Spielräume als die Arbeitsplätze in den Unternehmen. Ehrenamtlich tätige Mitarbeiter sind besser auf Veränderungen am Arbeitsplatz vorbereitet. Dass die Demokratie dringender als früher auf das Ehrenamt angewiesen ist, könnte jedoch eine wichtige Quelle der Motivation austrocknen, nämlich den christlichen Gedanken der Nächstenliebe.

Was wird aus dem christlichen Motiv der Nächstenliebe?

Wenn das Ehrenamt als Persönlichkeitsentwicklung und als der Raum der Demokratie gesehen wird, in dem die Bürger heute am besten ihre Freiheit verwirklichen können, dann stellt das Ehrenamt die christliche Motivation nicht infrage. Ist das Ehrenamt doch die moderne Form, das Gebot der Nächstenliebe zu erfüllen.

Ist es richtig gedacht, das Ehrenamt auch als Chance für sich selbst zu sehen und nicht von der Not des anderen her abzuleiten? So einfach sieht es aber die christliche Tradition nicht. Denn die Nächstenliebe wird nicht nur wegen des

anderen gepredigt, sondern weil der Mensch sich in der Liebe zum anderen verwirklicht. Gerade der, der seinen Blick auf den anderen lenkt, entwickelt sich selbst und hat eine Chance, sein Christsein zu verwirklichen. Die Selbstlosigkeit, der Verzicht auf Gewinnstreben macht das Ehrenamt zu einem Gewinn für die eigene Person.
Man kann sich das am Gleichnis vom Barmherzigen Samariter deutlich machen. Der Priester und der Levit, die den Zusammengeschlagenen am Weg liegen lassen, weil sie sich kultischer Reinheit verpflichtet fühlen, verfehlen den wahren Gottesdienst, obwohl sie meinen, durch unterlassene Hilfeleistung sich für den Gottesdienst besser vorzubereiten. Sie verfehlen ihre religiöse Berufung. Der Held, der der christlichen Gemeinde vorgestellt wird, ist der Samariter. Held ist er deshalb, weil er nicht als Verlierer dargestellt wird, sondern weil er Stärke gezeigt, sein Vermögen eingesetzt und sich als Gestalter einer schwierigen Situation erwiesen hat. Wie das Ehrenamt aus einem christlichen Verständnis der eigenen Lebensberufung wächst, das wird im Folgenden gezeigt.

Zusammenfassung

Ein Ehrenamt kann jeder heute mit einer großen Selbstachtung übernehmen. Er, sie tun etwas für andere und gestalten damit in einer von Wirtschafts- und Konsumzwängen geprägten Gesellschaft Freiheitsräume. Ehrenamtler sind Künstler, weil sie dem Zusammenleben der Menschen eine Gestalt geben. Sie sind auch Träger der Demokratie, weil sie ihre Freiheitsspielräume ausfüllen. Denn die Demokratie lebt von dem Gestaltungswillen derjenigen, die ihre Freiheit nicht nur beim Einkauf im Supermarkt verwirklichen, sondern indem sie Beziehungen zwischen anderen Menschen aktiv mitgestalten.

1.2 Die Motivation ist die Wurzel des Ehrenamtes

Frau Weniger ist von den Mitgliedern des Vereins „Wohle“ – gemeinsames Wohnen und Leben im Alter, zur Vorsitzenden gewählt,
Herr Woller hat sich für ein Projekt „Jakobsweg“ im neuen Seelsorgebereich St. Marien entschieden,
Thomas ist neuer Obermessdiener geworden,
Frau Gerste ist ehrenamtlich verantwortlich für das Personal der drei Kindergärten des Seelsorgebereiches St. Hildegard,
Herr Klaus will mit einer Gruppe Jugendlicher die Internetvernetzung im Sportverein TUS Wille aufbauen und betreuen.

Alle sind ehrenamtlich engagiert und übernehmen mit ihrer Aufgabe Initiative und Leitungsfunktionen. Diese sind ihnen nicht so ganz neu, weil jeder schon einmal irgendeine berufliche oder private Leitungsaufgabe übernommen hat. Herr Woller hat in seinem Arbeitsbereich schon Projektgruppen geleitet, Thomas war Jugendgruppenleiter und hat Erfahrungen mit Jugendgruppen, Frau Gerste war Erzieherin und bringt ihre Kompetenz mit der Leitung von Kindergruppen und Elternabenden mit. Auch Frau Weniger ist nicht ganz ohne Leitungserfahrung, hat sie doch schließlich ein fünfköpfiges Familienunternehmen erfolgreich geführt. Sie hat die drei Kinder jetzt groß und will sich mehr für die Belange in der Gemeinde einsetzen. Sie weiß, dass unsere Gesellschaft das Ehrenamt braucht. Auch Herr Klaus als PC-Spezialist hat Projektgruppenerfahrung und traut sich zu, mit Jugendlichen eine Internetvernetzung für den Sportverein TUS Wille zu entwickeln und zu betreuen. Sie alle sind motiviert, ihre Aufgabe gut zu machen. Im Innersten schwingen aber auch

Ängste, Fragen und Unsicherheiten. Schaff ich das? Finde ich Mitstreiter? Wird die Gruppe mich akzeptieren? Kann ich mich in der Gruppe durchsetzen? Werden sie mich mögen? Wird das Projekt gelingen?

Obwohl alle genügend Erfahrung für ihre Aufgabe mitbringen, ist es für das Gelingen in den jeweiligen Ehrenämtern hilfreich, sich mit einigen Gesetzmäßigkeiten in Gruppen, den Verantwortlichkeiten von Leitung und der eigenen Rolle zu beschäftigen. Denn als Ehrenamtliche können wir uns Motivationsverlust ersparen, wenn wir uns im Vorfeld kundig machen und uns die eine oder andere Kompetenz für die Leitung von Gruppen noch zusätzlich aneignen.
Dafür ist es hilfreich, die eigene Motivation zu klären, denn das ist die Basis für ein erfolgreiches Engagement. Vor allem hilft es, andere in ihrer Motivation zu verstehen und zu fördern.

Wo kommt eigentlich der Auftrag, die Motivation für das Ehrenamt her?

Wir können mit großer Sicherheit davon ausgehen, dass sich nur Menschen in ein Ehrenamt begeben, die einen inneren Auftrag, einen Ruf spüren, die sich die Aufgabe zutrauen, die sich auf die Herausforderung freuen. Der innere Ruf zum Ehrenamt hat etwas mit der Verwirklichung der eigenen Berufung und der Werte zu tun, die ihnen im Leben wichtig sind. Berufung verstanden als lebenslangen Lebensauftrag, sich mit seinen Gaben und Talenten in unsere Gesellschaft aktiv einzubringen. Das kann ich bei anderen voraussetzen und bei mir selbst beobachten. Solange es Menschen gibt, die sich mit ihren individuellen Fähigkeiten über ihren Beruf hi-

naus engagieren, können wir an der Vielfalt und Kreativität partizipieren, denn jeder bringt mit seinen einzigartigen Gaben etwas Besonderes in das Ehrenamt mit. Wenn wir uns fragen, was steckt eigentlich noch hinter unserem ehrenamtlichen Engagement, kommen wir zu den unterschiedlichsten Ergebnissen. Wir wollen uns nützlich machen, die erworbene Lebenserfahrung weitergeben, die eigenen Kompetenzen für neue Projekte einbringen. Nicht zuletzt wollen wir etwas Sinnvolles tun, weil wir bestimmte Werte, die uns wichtig sind, mit anderen verwirklichen wollen.
Werte, ja sie sind es, die auch hinter unserem Engagement stehen. Wir wollen Werte verwirklichen, für bestimmte Werte einstehen und diesen Werten in unserer Gesellschaft Gewicht verleihen. Deshalb suchen wir uns das Ehrenamt, in dem wir mit unseren Wertvorstellungen am besten vorkommen. Diese Werte verbinden sich mit unserem Lebensauftrag. Gerade das Ehrenamt eröffnet uns die Möglichkeit, etwas Besonderes für unseren Lebensauftrag zu verwirklichen, indem wir uns für bestimmte Werte einsetzen.

1.3 Jeder bringt etwas Einmaliges mit

Mehr als der Beruf gibt uns meistens das Ehrenamt die Chance, unsere Begabungen für andere fruchtbar zu machen. Denn jeder Mensch bringt etwas Einzigartiges mit. Das zeigt sich bereits an unserem Körper. Kein Fingerabdruck, keine Iris, keine DNA gibt es doppelt. Das ist erst einmal ein biologisches Faktum. Wenn wir aber biologisch einzigartig sind, liegt es auf der Hand, dass wir auch in unserem Personenkern etwas Einzigartiges haben müssen. Das könnte man als die Ausgangssituation, die Eizelle für die eigene Berufung bezeichnen. Berufung verstanden als die lebenslange Umsetzung dessen, was ich an Gaben mit in diese Welt gebracht habe. Diese Gaben sind einmalig. Ihnen entspricht jeweils ein eigener Auftrag, der von außen kommt. Dieser Auftrag, das konkrete Ehrenamt lockt unsere spezifischen Begabungen heraus. Erst indem wir den Auftrag übernehmen, erkennen wir, wozu wir auf der Welt sind, wir erkennen unsere Berufung.

Was für mich gilt, gilt auch für andere. Jede/r Ehrenamtliche wird die Aufgaben, die er, die sie übernommen hat, ganz individuell gestalten, weil jede/r mit seinen und ihren einzigartigen Talenten das Aufgabengebiet meistert. Daraus entsteht etwas Besonderes. Niemand kann das so nachmachen.

In dem Wort „Berufung" steckt aber noch etwas anderes, nämlich das Wort „Ruf". Dieser Ruf, ob er von innen oder außen kommt, lässt sich von anderen Stimmen, die uns verpflichten wollen, dadurch unterscheiden, dass wir zu etwas gerufen werden, was nur wir tun, ausfüllen, in Angriff nehmen können. Etwas/jemand will, dass wir unsere Begabungen nicht vergeuden, vergraben oder verschleudern. Wenn wir unsere Gaben in das gemeinsame Leben unserer Gesellschaft hineintragen, erleben wir nicht nur die eigene Lebendigkeit, sondern auch die Vielfalt, die Lebendigkeit und die Besonderheit der anderen. Dann zeigt sich: Jeder Mensch ist einmalig und in seiner Lebensaufgabe nicht ersetzbar.

Jeder von uns trägt eine Berufung in sich, wie deutlich er den Ruf auch hört. Seine Berufung leben heißt dann, die einzigartigen Talente und besonderen Begabungen ins Spiel zu bringen. Denn es geht nicht darum, **irgendein Ehrenamt** zu übernehmen, **sondern** das, wozu ich den **Ruf** und den Auftrag verspüre. Denn an dem Platz, an dem ich mich einbringe, gestalte ich das Aufgabenfeld mit meinen Gaben, Talenten und Kompetenzen. Ein anderer würde es anders tun. Wir bringen also unseren spezifischen Blick, unsere individuelle Kompetenz, unsere Lebenssicht und Lebenserfahrung da ein, wo wir ehrenamtlich agieren. Das macht uns an diesem Platz einzigartig. Niemand kann mich mit meinen spezifischen Gaben ersetzen.

Wo kommt aber dieser Auftrag her?

Unser Auftrag zur Ehrenamtlichkeit kommt einerseits aus dem eigenen Lebensauftrag, aus dem inneren Ruf, den wir hören, und zum anderen aus unseren Wertvorstellungen, die uns wichtig sind. Das korrespondiert mit dem Auftrag, der von anderen Menschen an uns ausgesprochen wird. Andere trauen mir eine Aufgabe zu. Sie sehen meist deutlicher, wozu ich fähig bin. Sie fragen mich an.

Damit mein Engagement konkret werden kann, braucht das Ehrenamt die Einbindung in konkrete Zusammenhänge, eine Initiative, eine Kirchengemeinde, einen Sportverein. Hier komme ich mit anderen zusammen und kann das gemeinsame Leben gestalten.

Zusammenfassung

Jeder bringt in sein ehrenamtliches Engagement seine individuellen Begabungen mit, die ihn einzigartig machen, die die Vielfalt bewirken und die für bestimmte Werte stehen.

2. Leitungskunst im Ehrenamt

2.1 Leitung folgt einem Auftrag

Da das Ehrenamt im Kontext eines Vereins, einer Initiative, einer Kirchengemeinde steht, gibt es immer jemanden, der mich für meine ehrenamtliche Leitungsaufgabe beauftragt. Damit werde ich bevollmächtigt, ein Projekt in Angriff zu nehmen, andere anzusprechen, Leitung zu übernehmen. Das geschieht entweder durch eine offizielle Einsetzung in die Aufgabe durch einen, der für das Ganze Verantwortung trägt, oder durch die Wahl der Mitglieder eines Vereins, eines Verbandes. Diese Beauftragung sichert mir erst einmal meine Rolle und meinen Status als ehrenamtliche Leitung. Denn wer ein Ehrenamt übernimmt oder übertragen bekommt, braucht einen **Auftrag**. Mit diesem Auftrag sind Aufgaben, Verantwortlichkeiten und Ergebnisse verbunden. Die Aufgaben und Ziele sollen nicht im Alleingang erbracht werden, sondern in der Regel mit anderen zusammen, meist auch ehrenamtlich tätigen Menschen. Wer die Leitung eines Projektes, einer Aktion, eines Gremiums übernimmt, ist nicht nur für diese begrenzte Aufgabe beauftragt, sondern dafür, die anfallenden Aufgaben zu bewältigen und die Zielsetzung zu erreichen. Ehrenamt bedeutet fast immer, eine Führungsaufgabe zu übernehmen. Von wem wird die ehrenamtliche Leitung beauftragt?

Die Vorstandsvorsitzende des Vereins „Wohle", Frau Weniger, hat ihren Auftrag von den Vereinsmitgliedern und übernimmt die Führung des Vereins.

Die Kindergartenbeauftragte, Frau Gerste, wird vom Kirchenvorstand der Gemeinde beauftragt und hat delegierte Vorgesetztenfunktion für die Erzieherinnen.

Der Obermessdiener Thomas wird evtl. von den Messdienern gewählt, und die Wahl wird von einem Hauptamtlichen bestätigt, oder er wird gleich vom Kaplan oder dem Pfarrer eingesetzt. Er ist verantwortlich, dass die Messdiener eine gute Ausbildung bekommen, in der sie den Dienst lernen und sich zu einer Gruppe finden und sich als Gemeinschaft verstehen.

Der Leiter für die Internetvernetzung, Herr Klaus, hat seine Idee beim Vorstand des Sportvereins vorgebracht und sich per Beschluss den Auftrag vom Vorstand bestätigen lassen. Er übernimmt die Verantwortung, eine Gruppe von Jugendlichen zu leiten, die die Kommunikation im Verein durchs Internet verbessern will.

Der Leiter des Projektes „Jakobsweg" im Seelsorgebereich St. Marien hat sich sein Projekt vom Pfarrer bestätigen lassen. Er übernimmt die Verantwortung für die Planung, Vorbereitung und Durchführung der Wallfahrt.

Wir sehen, dass jedes Ehrenamt durch eine Einsetzung vollzogen wird. Diese Einsetzung oder Beauftragung ist deshalb wichtig, weil sie die ehrenamtliche Leitung in eine Position ermächtigt, die ihr Autorität und Vollmacht im Handeln verleiht. Sie ist berechtigt, nicht nur im eigenen Namen, sondern im Namen von … zu handeln.
Gleichzeitig gehen mit der Beauftragung Rechte, aber auch Pflichten sowie Verantwortung an die ehrenamtliche Leitung über.

Worin bestehen die Rechte?
Die Leitung hat Vollmacht zur Einberufung von Sitzungen, zur Verwirklichung von Projekten, sie kann Getränke

oder einen Bus bestellen, Unterkünfte buchen, die Gelder verwalten etc. und kann im Namen von … handeln.

Die Einbindung in einen Verein, eine Initiative, eine Kirchengemeinde heißt immer auch, dass die Projekte und Aktivitäten in einem Wertgefüge verankert werden müssen. Deshalb übernimmt der/die ehrenamtlich Tätige vor allem die Verantwortung, sich an den Werten des Leitbildes der Institution, dem Profil des Vereins, des Verbandes zu orientieren. Das kommt nicht zusätzlich auf die zu, die sich ehrenamtlich betätigen, sondern ist bereits in ihrem Engagement beabsichtigt. Denn es sind ja gerade die Werte des Vereins, der Initiative, der Kirchengemeinde, derentwegen ich mich für eine ehrenamtliche Tätigkeit entschieden habe. Ich will etwas Sinnvolles tun, weil ich diese Werte mit anderen leben und fruchtbar werden lassen kann.

2.2 Ehrenamtliche Leitung orientiert sich an den Werten des Leitbildes/Profiles

Leitung in einem Verein, einer Initiative, einem kirchlichen Gremium geschieht immer im Sinne des Vereins, der Einrichtung. Sind es doch vor allem die Werte einer Initiative, einer Institution, eines Vereins, die zum ehrenamtlichen Engagement motiviert haben. Mit der Übernahme einer Aufgabe ist nicht nur ein Bekenntnis zu den Werten verbunden, sondern die Chance, diese Werte umzusetzen und auch im Alltagsgeschäft zu sichern. Viele Verbände und Einrichtungen haben ihre Werte in einem Leitbild formuliert.
Das Leitbild ist die Richtschnur für alle, die in einem Verein, einer Institution oder einem Verband haupt- oder ehren-

amtlich tätig werden oder ein formelles Leitungsamt übernehmen. Übrigens unterscheidet sich das nicht von den Leitungsverpflichtungen in der Wirtschaft oder der Politik. Auch da ist die Leitung, ob haupt- oder ehrenamtlich, dem Leitbild, der Unternehmensphilosophie verpflichtet. Was heißt das genau?

Wer eine Verantwortung übernommen hat, ist der Zielgruppe, den Wählern, den Mitgliedern gegenüber dafür verantwortlich, dass die Werte des Vereins, der Institution, die im Leitbild oder dem Profil verankert sind, in den Dienstleistungen, die die Zielgruppen, die Mitglieder in Anspruch nehmen, erlebbar sind.

Deshalb wird derjenige, der einen Auftrag übernimmt, mit dieser Beauftragung auch verpflichtet, durch seine Leitung die Werte, für die die Institution, der Verein, die Organisation stehen, umzusetzen. Diese Werte sind Inhalt des Leitbildes, des Profils.

Was heißt das für die Beispiele:
Für alle oben genannten Ehrenämter heißt das, dass sie durch ihre Leitung gewährleisten, dass die Werte des Vereins, des Seelsorgebereiches für alle transparent sind, dass sie in den Sitzungen, Zusammenkünften und in den Aktionen und Projekten gelebt werden und dass die Zielgruppen, die sich für die Projekte interessieren, von diesen Werten erfahren.

Was sind Werte?

Wir richten unser ganzes Leben, unsere Entscheidungen, unser Handeln an Werten aus. Wenn wir eine Urlaubsreise planen, dann sind uns bestimmte Dinge wichtig. Die einen wollen Ruhe erleben, die anderen wollen sich amüsieren, wieder andere wollen sich bilden oder die Menschen fremder Länder kennen lernen. Wir sehen, es sind ganz unterschiedliche Werte, die für die Entscheidung, wo wir unseren Urlaub verbringen, ausschlaggebend sind. An unseren Wertvorstellungen muss sich der Urlaub messen lassen. Nur wenn wir unsere Werte verwirklichen können, erleben wir den Urlaub als befriedigend.

Die Orientierung an den Werten gilt aber nicht nur für den Urlaub, sondern auch für alle anderen Lebensbereiche.

Werte sind das, weshalb die Mitglieder ihren Verein unterstützen, die Zielgruppen die Angebote und die Dienstleistungen dieses Vereins, dieses Verbandes, dieser Kirchengemeinde für sich in Anspruch nehmen wollen. Die Werte der Institution, des Vereins sind dann für die Zielgruppen attraktiv, wenn diese mit ihren eigenen Werten korrespondieren. Wenn wir Leitung inne haben, ob ehrenamtlich oder hauptamtlich, müssen wir gewährleisten, dass die Zielgruppen in den Angeboten, die sie in Anspruch nehmen, die Werte erleben, für die der Verein, die Institution, die Kirchengemeinde, der Verband stehen. Gleichzeitig sollte die Leitung sicherstellen, dass die Mitglieder, die die Angebote erbringen, nach innen hin auch diese Werte erleben können.

Auch wir wählen unser Ehrenamt danach aus, ob wir unsere Wertvorstellungen verwirklichen können. Wir suchen uns gezielt den Verein, die soziale Einrichtung, den Verband aus, in dem wir die größtmögliche Chance haben, unseren Werten Ausdruck zu verleihen. Wir wollen uns an der Wertschöpfung dieser Organisation beteiligen, weil wir diese Werte innerlich mittragen.

Werte leiten unser Handeln und unsere Entscheidungen, deshalb ist es eine vorrangige Leitungsaufgabe, das Leitbild/Profil der Institution, des Verbandes, des Vereins mit seinen Kernwerten zu kennen. Die Kernwerte sind die zentralen Werte, die den Verein, die Initiative insgesamt prägen. Im Leitbild sind die Kernwerte kondensiert und können so als Richtschnur sowohl für jede Entscheidung wie für die Entwicklung neuer Projekte, für die Angebote wie für die Öffentlichkeitsarbeit und Werbung und auch für die Führung der Gruppenmitglieder gelten. Die Kernwerte sind die Basis, die Grundlage, auf die sich auch die ehrenamtliche Leitung in all ihrem Handeln rückbinden kann. Das ist erst einmal entlastend, denn die Ehrenamtlichen haben damit Kriterien für ihr Handeln und für Entscheidungen an der Hand. Die im Leitbild formulierten Werte bieten eine sichere Grundlage, weil sich jeder an den Werten des Leitbildes orientieren kann.

Wie komme ich zu den Werten?

Leider sind viele Leitbilder sehr abstrakt formuliert, so dass man die Werte daraus extrahieren muss. Denn, um entscheiden und planen zu können, brauchen wir konkrete Werte, die sich in Handlung umsetzen und überprüfen lassen. Deshalb ist es eine erste Aufgabe des Ehrenamtes, sich mit der Beauftragung darüber zu informieren, für welche konkreten Werte die Institution, der Verein, der Verband stehen.

Die Werte sollten so formuliert sein, dass sie eine tatsächliche Orientierung für die Umsetzung in Handlung beinhalten, damit sie nicht nach allen Seiten auslegbar sind und auch nicht etwas versprechen, was nicht einzuhalten ist.

An einem Beispiel aus der Autobranche können wir uns über Werte vergewissern, bevor wir an die konkreten Werte für die verschiedenen Beispiele im Non-Profit-Bereich gehen.

Werte lassen sich gut erden, wenn sie mit einem Verb verbunden werden:
z.B. Werte, für die ein Autounternehmen stehen will.
Der Kunde soll:

- Sicherheit erleben;
- umweltfreundliche Technik erfahren;
- Komfort genießen;
- Kundenorientierte MitarbeiterInnen erleben;
- Kooperation erleben.

Wenn sich das Unternehmen mit diesen Werten schmückt, heißt das für die Leitung, wie für jeden Mitarbeiter und jede Mitarbeiterin, das Erleben dieser Werte für die Kunden in allen Produkten abzusichern. In jeder Dienstleistung der Werkstatt, in jedem Neuwagenkauf, in jeder Beratung, jedem Kundenkontakt muss der Kunde diese Werte erleben können. Kann er das nicht, verspricht das Unternehmen etwas, das es nicht einlösen kann. Es verliert seine Glaubwürdigkeit. Für die Leitung der Niederlassung sind die Werte die Orientierung und der Maßstab, an denen sie sich zurückbinden und absichern kann.

In konkretes Handeln umgesetzt, heißt das z.B.
Der Kunde soll Sicherheit erfahren – Die Autos müssen mit den aktuellen Sicherheitstechniken ausgestattet sein, die Reparaturen werden so durchgeführt, dass der Wagen auf Sicherheitsstandards getestet wird.
Der Kunde soll umweltfreundliche Technik erleben – das Unternehmen setzt die neuesten Erkenntnisse aus dem Umweltbereich in die Fabrikation und Reparatur der Autos um.

Der Kunde soll Komfort genießen – Die Autos werden, was Sitzqualität, Unterstützung von Bremsen und Lenkung angeht, optimal ausgestattet.
Der Kunde soll kundenorientierte MitarbeiterInnen erleben – Die MitarbeiterInnen sind sowohl beim Verkauf als auch in der Werkstatt immer darauf bedacht, die Wünsche der Kunden zu verstehen und „alles" möglich zu machen, um die Kundenwünsche zu realisieren bzw. freundlich zu erklären, wenn ein Wunsch nicht erfüllt werden kann.
Der Kunde soll Kooperation erleben – Die Kunden können sich auf einen breitgestreuten Kundenservice verlassen und kooperierende MitarbeiterInnen erleben.

Ähnlich wie in einem Autounternehmen sind die Leitung und alle Mitarbeiter in einer sozialen oder kirchlichen Institution, in einem Sportverein oder einer Initiative den Werten verpflichtet.
Vor allem die Leitung ist in erster Linie Hüterin der Werte des Verbandes, der Institution, des Vereins. Sie gewährleistet und sichert ab, dass diese Werte von den Mitgliedern wie von den Zielgruppen in jeder Dienstleistung erlebt werden können. Das gilt auch für Sitzungen, Projekte und Aktionen nach innen, denn nur dann kann die Leitung davon ausgehen, dass die ehrenamtlichen MitarbeiterInnen etwas von den Werten nach außen ausstrahlen, wenn sie diese „innen" erleben.

An dem Beispiel des Autokonzerns lässt sich das praktisch verdeutlichen, was es heißt, die Werte auch nach innen erlebbar zu machen.
Die MitarbeiterInnen, die das Auto herstellen, sollen die gleichen Werte erleben:

- Sicherheit am Arbeitsplatz,

- umweltfreundliche und gute technische Ausstattung der Arbeitsplätze und Materialien,
- Arbeitsplätze, die einem dem Unternehmen angemessenen Komfort entsprechen,
- MitarbeiterInnen erleben sich geachtet und wertgeschätzt, können sich mit ihren Begabungen weiterentwickeln,
- MitarbeiterInnen erleben ein kooperatives und kollegiales Arbeitsklima, können Schwierigkeiten und sogar Konflikte ansprechen, ohne dafür Nachteile befürchten zu müssen. Sie erleben die Leitung als Unterstützung für die Kooperation.

Die Leitung ist Hüterin der Werte

An den Werten des Autounternehmens wird deutlich, dass die Werte konkret und „geerdet" formuliert sein müssen, damit sie in den einzelnen Angeboten auch umsetzbar sind. Ein Verein, eine Kirchengemeinde produziert im Gegensatz zur Autoindustrie keine Produkte, sondern soll direkt Werterleben ermöglichen.
Da das **Werterleben** das „Angebot" selbst ist, kommt es für die Glaubwürdigkeit noch mehr darauf an, dass die Werte transparent und spürbar sind.
Für welche Werte steht z.B. eine kirchliche Einrichtung, ein Gremium, eine kirchliche Gruppe?

Werte, die nicht fehlen dürfen, sind z.B.

- Beziehung zu Gott aufbauen können;
- Gemeinschaft erfahren;
- Sich geachtet und wertgeschätzt fühlen;
- Integration, auch von Benachteiligten, erleben;

- Die weiteren Werte hängen davon ab, welche Aufgaben und Inhalte für die jeweilige Gruppe wichtig sind und was der Auftrag in dem jeweiligen Betätigungsfeld ist.

Werte, die in einem Sportverein zum Tragen kommen müssen:
- Kameradschaft erleben;
- Fairness erfahren;
- Hilfestellung in schwierigen Bewegungsabläufen erleben;
- Gesundheitsbewusste Trainings erfahren;
- Gut ausgebildete, kompetente Trainer erleben.

Werte, die in dem Verein „Wohle - Wohnen und Leben“, nicht fehlen dürfen:
- Unterstützung erfahren;
- Gemeinschaft erleben;
- Sicherheit erfahren, wenn es Schwierigkeiten gibt;
- Sich geachtet und wertgeschätzt fühlen;
- Sich an Projekten beteiligen können.

Die Leitung gewährleistet, dass sie durch ihre Führung den Mitgliedern der Gruppe die Werte ermöglicht, aber auch, dass in allen Dienstleistungen, die die Gruppe für andere entwickelt, die Werte erlebbar werden.

Beispiel für ein Leitbild/ein Profil:
„mittendrin“- psychiatrische Bürgerhilfe
unterstützt die selbstbestimmte Lebensgestaltung sowie die soziale Anbindung von Menschen mit psychisch-psychiatrischen Störungen und begleitet deren Angehörige.

Menschen in psychisch schwierigen Lebenssituationen erfahren in Gruppen- und Einzelangeboten Verständnis und Zuwendung, können sich mit anderen Betroffenen im geschützten Raum austauschen, erleben Gemeinschaft und können neue Kontakte knüpfen. Sie lernen ihre eigene Situation besser verstehen und *entwickeln Handlungsmöglichkeiten zur Krankheits- und Lebensbewältigung. Sie gewinnen Stärkung, Anerkennung und Sicherheit durch die Gruppe und die Begleitung. Angehörige finden in Selbsthilfegruppen Unterstützung für die Bewältigung der alltäglichen Anforderungen. Sie können sich entlasten, sich austauschen und Solidarität erfahren.*

Jedes Profil ist ein Versprechen

Dieses Profil ist ein Versprechen an die Menschen mit psychisch-psychiatrischen Störungen und ihren Angehörigen, die die Dienstleistungen des Vereins in Anspruch nehmen. Es ist aber auch ein Versprechen an die Förderer, die diesen Verein unterstützen. Deshalb müssen alle Angebote des Vereins die definierten Werte transportieren. Damit aber auch die ehrenamtlichen Mitarbeiter und Mitarbeiterinnen in der konkreten Arbeit in den Gruppen und im Vorstand für diese Werte eintreten und sich mit ihnen identifizieren, müssen auch diese von den Werten etwas in ihrer Tätigkeit erleben. Konkret heißt das, dass alle Gruppenleiter und Gruppenleiterinnen wie die Mitglieder des Vorstandes die Werte „Verständnis“ und „Zuwendung“, „sich austauschen können“, „Gemeinschaft erleben“, „Stärkung und Anerkennung erfahren“ in die Tätigkeit einbringen, aber auch erleben können. Nur so wird gewährleistet, dass dieses Werteprofil eine Ausstrahlung nach außen gewinnt. Der Vorstand hat die Aufgabe, diese Werte bei allen neuen Projekten im Blick zu halten und auch abzusichern, dass in den Vorstandssitzungen die Vorstandsmitglieder diese Werte ebenfalls erleben können. Die Vorstandsmitglieder orientieren sich in ihren Aufgabenfeldern in gleicher Weise an den im Leitbild formulierten Werten. Bezüglich der Förderer des Vereins ist es selbstverständlich, dass auch sie diese Werte erleben und spüren, dass sie auf allen Ebenen gelten.

Das Beispiel mit der Spendenaffäre bei Unicef im Jahre 2008 und viele andere Vorfälle und Skandale zeigen, dass die Spender und Förderer sofort das Vertrauen in eine Organisation verlieren, wenn die Werte von der Organisation missachtet werden.

Leitbild/Profil nach innen und außen leben

Ist die Leitung mit dem Profil, dem Leitbild vertraut und sind ihr die Werte deutlich, hat sie die Richtschnur für ihr Handeln. Sie ist diesen Werten sowohl nach außen den Zielgruppen gegenüber, als auch nach innen zu den Mitgliedern der Gruppe hin, verpflichtet. Weshalb müssen diese Werte auch nach innen abgesichert werden?

Ein Verein, Verband, eine Kirchengemeinde oder eine Institution können davon ausgehen, dass sich Menschen dort aktiv engagieren, wo sie ihre Wertvorstellungen am besten umsetzen können. Sie wollen ihre Zeit da verbringen, wo es sich für sie lohnt. Lohnen heißt hier nicht, Geld zu verdienen, sondern für sie lohnt sich die Zeit, die sie in eine ehrenamtliche Tätigkeit oder in eine Mitgliedschaft einsetzen, dann, wenn sie ihre Kompetenzen einbringen, ihre Kompetenzen weiterentwickeln und die Werte verwirklichen können, die ihnen in ihrem Leben wichtig sind.

Wenn also ein Verein mit seinen Werten offensiv umgeht und diese nach außen ausstrahlt, können sich neue Mit-

glieder und auch neue Ehrenamtliche finden, die auf diese Werte ansprechen. Die Identifikation mit den Werten sorgt dafür, dass die Ehrenamtlichen auch nach außen zu dem Verein, Verband, der kirchlichen Einrichtung, dem Gremium stehen und nicht etwa schlecht über die Initiative, den Verein reden. Darauf ist jede Organisation angewiesen, denn die Ausstrahlung eines Verbandes, einer Institution, eines Vereins hängt sehr davon ab, was die Ehrenamtlichen in die Öffentlichkeit tragen. Hohe Identifikation sorgt für eine „intrinsische", eine von innen gesteuerte Motivation. Das entlastet die Leitung, denn sie muss nicht noch zusätzlich die ehrenamtlichen MitarbeiterInnen motivieren.
Gelingt es dann noch, dass die Werte des Leitbildes auch in den unterschiedlichen Betätigungsfeldern erlebt werden können, tragen die Verantwortlichen noch mehr zur Glaubwürdigkeit bei.

Wie werden Werte in konkretes Handeln umgesetzt?

Am Beispiel des Vereins „Wohle":

- **Unterstützung erfahren**

Will der Verein seinen Werten gerecht werden, muss gewährleistet sein, dass die Einzelnen in der Wohngemeinschaft im Krankheitsfalle Unterstützung erfahren, indem z. B. für sie eingekauft wird, sich jemand um das Kochen kümmert, jemand nach demjenigen sieht, der Unterstützung braucht.

- **Gemeinschaft erleben**

Um diesen Wert umzusetzen, muss es dem Verein gelingen, Räume für gemeinschaftliche Treffen zu organisieren, gemeinsame Aktionen zu veranstalten, die Gemeinschaft als einen hohen Wert in allen Begegnungen zu sehen.

- **Sicherheit erfahren, wenn es Schwierigkeiten gibt**
- **Sich geachtet und wertgeschätzt fühlen**

Wer der Gemeinschaft angehört, braucht die Sicherheit, dass er bei Zwistigkeiten in der Gruppe nicht gemobbt wird. Dazu braucht es Vereinbarungen, wie man mit schwierigen Situationen und Konflikten in der Gemeinschaft umgeht und wie gewährleistet wird, dass jeder geachtet und wertgeschätzt wird. Der Verein braucht auf jeden Fall jemanden, der mit Konflikten umgehen kann und diese auch moderiert, bzw. dass im Konfliktfall jemand von außen für die Moderation geholt wird.

Zusammenfassung

Für die Leitung sind die Werte des Vereins, der Kirchengemeinde, des Verbandes, der Institution der rote Faden. Ihnen ist der/die Verantwortliche sowohl nach innen als auch nach außen verpflichtet. Mit den Werten beschreiben der Verein, die Initiative, die Einrichtung die Werthaltigkeit der Dienstleistungen und Angebote. Daran können sich die Zielgruppe, die Mitglieder, die Förderer orientieren und entscheiden, ob sie diese Werte mit unterstützen wollen. Ihrer Verpflichtung gegenüber den Werten werden die Verantwortlichen gerecht, wenn sie in all ihrem Handeln die Kernwerte des Verbandes berücksichtigen und dazu beitragen, dass auch die Mitglieder der Gruppe, des Gremiums diese Werte leben und erleben können.

2.3 Ehrenamtliche Leitung in kirchlichen Gremien und Vereinen

Für alle Leitungskräfte sind die Werte der Institution der rote Faden, die Orientierung, die Verpflichtung. Die Leitung hat die Aufgabe, in Kooperation mit den Gruppenmitgliedern die Werte in Handlungskonzepte umzusetzen.

Das gilt für ein solides gutes Wirtschaftsunternehmen wie für einen Sportverein und damit auch für eine kirchliche Institution oder einen Verein. Darin unterscheiden sich die Verantwortlichkeiten nicht. Wodurch unterscheidet sich dann die Leitungsverantwortung in einer kirchlichen Institution, in einem kirchlichen Verein von der Leitung in einem Wirtschaftsunternehmen? Gibt es überhaupt Unterschiede? Wenn ja, worin bestehen diese?

Um was geht es bei der Leitung in kirchlichen Gremien und Vereinen?

Die Leitung in einer kirchlichen Institution unterscheidet sich von der Leitung eines Unternehmens, das Produkte herstellt und materiellen Gewinn einspielen muss, darin, dass sie zur Realisierung immaterieller Werte beiträgt. Die Kirche steht explizit für Werte, die für das Zusammenleben von Menschen, die Würde des Menschen, die Beziehung zu Gott und für Sinngestaltung von großer Bedeutung sind. Deshalb besteht ein hoher Prozentsatz der Aufgaben von Haupt-und Ehrenamtlichen darin, genau diese Werte, die Suche nach Sinn und nach gelingendem Leben für die Menschen erlebbar zu machen. Am Beispiel zweier Kernwerte kann das exemplarisch erläutert werden – *Gemeinschaft erleben und Beziehung zu Gott* ermöglichen. Wer in der Kirche ehrenamtlich tätig ist, hat u.a. die Aufgabe, die Kommunikation so anzulegen, dass Gemeinschaft entsteht und erlebt wird und dass die Beziehung zu Gott in allen Angeboten und Dienstleistungen ermöglicht wird. Das ist ein hoher Anspruch, denn wer einen Arbeitsausschuss oder eine Gruppe in einer kirchlichen Institution leitet, muss auch da gewährleisten, dass die Kernwerte erlebbar sind. Denn die Leitung ist die Wächterin der Kernwerte der Institution.

Ehrenamtliche, die sich im kirchlichen Kontext engagieren haben sich für eine an christlichen Werten orientierte Institution entschieden, in der es explizit darum geht, den Menschen den Zugang zu Gott, dem christlichen Glauben und seinen Werten zu eröffnen. Sie tragen dazu bei, dass das christliche Glaubensgut und die christlichen Werte weitergetragen werden. Sie haben sich der Aufgabe verschrieben, diesen Wertehorizont offenzuhalten. Denn es geht um die Menschen selbst. Es geht nicht um ein neues Auto, um den Urlaub, um die Kleidung für den Einzelnen, sondern um seine Existenz, sein Seelenheil, seinen Lebenssinn, seine Würde.

Die Werte sind in der Kirche bereits vielfach formuliert und tradiert (z.B. in der Bergpredigt), sie müssen nicht immer wieder neu gefunden werden.

Alle, die ein Amt, eine Aufgabe übernommen haben, können und müssen unabhängig von der Kultur, dem Land, dem Stadtteil, dem Ort, in dem sie tätig sind, auf diese Werte zurückgreifen. Sie gewährleisten, dass die Werte erlebbar sind, dass sich die Menschen mit dem Glauben an Jesus Christus und Gott auseinandersetzen können und dass die Gruppe sich in ihrem Verhalten an den Werten der Bergpredigt orientiert. Gemeinschaft erleben, Beziehung zu Gott erfahren, mit Gleichgesinnten auf dem Weg sein, das sind die Kernwerte, für die die Haupt- und Ehrenamtlichen in kirchlichen Institutionen die Verantwortung tragen. Sie engagieren sich in einer Institution, die im Namen Gottes handelt, nicht wie in einem Wirtschaftsunternehmen im Namen von Gesellschaftern.

Das gilt unabhängig von der Hierarchieebene, in der jemand leitet, ob als Bischof, als Priester, PastoralreferentIn, GemeindereferentIn, als ehrenamtliche Vorsitzende kirchlicher Vereine oder Gremien.

Hier wird schon ein weiterer Unterschied zur Leitung in Wirtschaftsunternehmen deutlich. Die hauptamtliche Leitung in einer kirchlichen Institution ist nicht gegenüber einer weltlichen Gesellschaftsform verpflichtet, sondern sie hat ihre Beauftragung von Gott. Sie ist im Namen Gottes für die Menschen da. Wie das geschehen soll, ist in den biblischen Texten formuliert. Die Beauftragung erfolgt durch die Firmung. Auf der Basis dieses Sakraments haben auch Ehrenamtliche eine Berufung für ihren Dienst. Auch sie leiten in ihrem Ehrenamt im Auftrag Gottes. Den konkreten Auftrag erfahren sie in ihrer ganz persönlichen Berufung, die nicht von der Kirche kommt, sondern nur von der Kirche anerkannt werden kann. Da die Berufung von Gott kommt, ist es Aufgabe der Kirche, diese Berufung zu erkennen und ihr Raum zur Verwirklichung zu geben. Das begründet die besondere Würde des Ehrenamtes in der Kirche. Wie in allen anderen Verbänden, Gremien und Initiativen hat derjenige, der in der Kirche ehrenamtlich leitet, die Aufgabe übernommen, die Kommunikation wie die Dienstleistungen nach außen wie nach innen so anzulegen, dass die Werte, für die der christliche Glaube steht, erlebt werden können. So soll gerade das Ehrenamt ermöglichen, dass eine tiefere Gemeinschaft in den Gruppen und Gremien entsteht und die Menschen ihre Beziehung zu Gott immer intensiver gestalten und in ihren Lebensvollzügen umsetzen können. Um diesem Auftrag gerecht zu werden, muss dem Geistgeschehen Raum und Aufmerksamkeit gegeben werden. Einzelne wie auch Gremien müssen ihr Handeln auf den Willen Gottes hin hinterfragen und überprüfen. Auch das ist ein Unterschied zur Leitungsverantwortung in einem Wirtschaftsunternehmen. Wenngleich es Führungskräfte in Wirtschaft und Politik gibt, die sich in ihren Entscheidungen auch von Gott leiten lassen. Sie

haben sich die christlichen Werte zu Eigen gemacht und in ihren Lebens- und Berufsalltag integriert. Diesen Auftrag haben sie aber nicht vom Unternehmen, sondern aus ihrem individuellen Berufungsauftrag Gottes.
Ehrenamtliche, die sich in der Kirche engagieren, haben einen expliziten Berufungsauftrag für diese Arbeit. Indem sie ihrer Berufung folgen, lassen sie sich vom Geist leiten. Übernehmen sie ein Amt, haben sie die Aufgabe übernommen, in der Kirche den Geist und Gottes Willen in ihrem Handeln wirken zu lassen.

Zusammenfassung

Wer haupt- oder ehrenamtlich Verantwortung in kirchlichen Institutionen übernommen hat, ist den Werten der Institution genauso verpflichtet wie Leitungskräfte in Wirtschaft und Politik. Der Unterschied besteht darin, dass sie ihren Berufungsauftrag von Gott haben und in ihrem Handeln auf den Geist Gottes hören. Das verpflichtet sie auch dazu, Gottes Willen in all ihr Tun einzubeziehen. Besonders die Leitung muss ihr Handeln Gott und den Menschen gegenüber verantworten. Der Maßstab, an dem sich die Leitung messen lassen muss, ist nicht der materielle Erfolg der Institution Kirche, sondern ob es ihr in ihrem Leitungshandeln gelingt, christliche Werte umzusetzen und in der Nachfolge Christi den Menschen etwas vom Reiche Gottes erfahrbar werden zu lassen.

2.4 Leitung schafft sich eine Basis

Die Werte des Leitbildes, ob in einem kirchlichen Gremium, in einem Sportverein oder in einem Verband, geben allen Verantwortlichen wie auch den Gremienmitgliedern Orientierung. Sie können jederzeit auf diese Werte zurückgreifen und ihr Handeln damit absichern. Ohne die Werte eines Leitbildes, eines Profils „schwimmt" vor allem die Leitung, denn es gibt keine verbindliche Richtung, wofür der Verein, die Einrichtung, der Verband stehen. Deshalb möchten wir dazu ermutigen, im ersten Schritt das Leitbild, das Profil mit seinen Kernwerten als Grundlage für die Arbeit aufzugreifen.
Hat sich die Leitung die Grundlage aus dem Profil, dem Leitbild geschaffen, beginnt der Blick auf die Arbeit mit den Menschen in der jeweiligen Gruppe. Aus langjähriger Erfahrung mit Gruppen hat sich folgende Vorgehensweise als hilfreich bewährt.

Beziehung aufbauen

Wer eine Gruppe, ein Gremium neu übernimmt, zum Vorsitzenden in einem Verein gewählt ist, einen Arbeitskreis leitet, sollte in der ersten Phase das Augenmerk darauf legen, dass die Beziehungen zwischen den Menschen Raum erhalten. Denn alle, die sich engagieren, wollen wissen, mit wem sie ein Stück ihres Lebensweges gehen, mit wem sie ihre freie Zeit verbringen, mit welchen Menschen sie ein gleiches Interesse teilen. Kommt der Beziehungsaufbau zu kurz, bleibt es in der Gruppe auch immer ein wenig unterkühlt und passiv. Dagegen gewinnt die Ausstrahlung einer Gruppe ungemein, wenn sich die Gruppenmitglieder verstehen, ohne dass gleich eine große Verbrüderung stattfinden muss. Ein gemeinsamer Ausflug, ein Klausurwochenende, ein Treffen zum Grillen haben sich bewährt, um den Beziehungsaufbau zu unterstützen. Die Zeit, die sich eine Gruppe, ein Gremium dafür nehmen, ist keineswegs vertan. Hilfreich ist auch eine persönliche Runde am Anfang der Sitzungen, in der jeder von sich und seiner momentanen Situation sprechen kann, bevor man in die Tagesordnungspunkte einsteigt. Der gemeinsame Austausch am Beginn, bei dem sich jeder mitteilen kann, überwindet auch die Fremdheitshürde, denn jeder kann etwas Persönliches von sich mitteilen und von den anderen erfahren. Das gibt erste Nähe und schafft die Grundlage für eine gute Zusammenarbeit.

Der Beziehungsaufbau ist der erste Schritt und das Fundament. Im zweiten Schritt geht es darum, transparent zu machen, welche Ressourcen und Potentiale in der Gruppe stecken.

Wie aktiviere ich die Ressourcen der Ehrenamtlichen?

Das Potential, das in der ersten Runde schon deutlich geworden ist, kann jetzt herausgearbeitet werden. Denn jeder bringt sowohl Ideen wie auch Kompetenzen mit, die sie in die Vorstandsarbeit, in ein Projekt oder in die Gruppe einbringen wollen. Wir können davon ausgehen, dass diejenigen, die sich in einem Ehrenamt engagieren, damit auch aktiv werden wollen. Sie wollen mit ihrer Lebenszeit, die sie in eine ehrenamtliche Arbeit stecken, Werte verwirklichen, die ihnen wichtig sind. Zu selten werden diese Ideen, Kompetenzen und Vorstellungen für die gemeinsame Arbeit erfragt und so gegenüber den anderen zum Ausdruck gebracht. Aber auch unausgesprochen sind sie da. Bleiben sie unausgesprochen, können diese Vorstellungen nicht ge-

zielt und gewinnbringend für die Arbeit genutzt werden. Diese Vorstellungen sind aber die Motivation zur Mitarbeit und der innere Antrieb, sich aktiv zu beteiligen. Werden sie nicht erhoben, erleben sich die Mitglieder einer Gruppe entweder als Konsumenten dessen, was ihnen die Leitung oder die Gruppe zu bieten hat, oder sie fühlen sich fremdbestimmt und müssen für andere funktionieren. Das beeinträchtigt die innere Motivation und verhindert, dass die Gaben und Charismen der Einzelnen zum Tragen kommen und die Gruppe damit eine aktive Ausstrahlung bekommt. Erst wenn die Leitung die Vorstellungen, Kompetenzen und Ideen der Menschen kennt, kann sie diese in die Arbeit integrieren. Wir können sehen, ob die Ideen sofort, später oder vielleicht auch überhaupt nicht realisierbar sind. Die Phase, in der Ideen und Kompetenzen mitgeteilt werden, ist für die Gruppenmitglieder wichtig, weil auch sie Orientierung brauchen, ob sie mit ihren Vorstellungen und Ideen in dieser Initiative, diesem Vorstand, diesem Gremium vorkommen können und ob sie mit dem, was sie können und vorhaben, richtig sind und hineinpassen.
Um die Vorstellungen und Ideen zu erheben, braucht es einen Rahmen, in dem das möglich ist. Dafür muss die Leitung den Gruppenmitgliedern Zeit einräumen, um über ihre Vorstellungen und Erwartungen nachzudenken und zu sprechen.
Wie können wir als Leitung dafür sorgen, dass die Vorstellungen und Kompetenzen aller erhoben werden und für alle transparent sind? Und wie sichern wir, dass diese Ideen auch berücksichtigt werden?

Ideen einsammeln

Die Leitung kann nach der Kennenlernphase die Mitglieder des Vorstandes, der Gruppe bitten, ihre Vorstellungen und Ideen zu äußern. Sie kann diese Phase mit folgender Frage einleiten:
„Welche Vorstellungen bringen Sie für die Arbeit in diesem Gremium, dieser Gruppe, diesem Vorstand mit und welche Kompetenzen können Sie zur Verfügung stellen?

Die Ideen und Vorschläge der Mitglieder der Gruppe werden schriftlich auf kleinen Moderationskarten festgehalten und können dann auf einer Pinnwand zu Themenblöcken geordnet und visualisiert werden. Für das Aufhängen der Zettel ist es wichtig, dass nicht einer alle seine Zettel sofort los wird, sondern dass jeweils die Zettel eingesammelt werden, die zu einem Themenschwerpunkt passen. Diese Ordnung an der Pinnwand ermöglicht es jedem, die Ideen und Vorschläge aller zu sehen. Es wird transparent, welche Ideen und Vorschläge in der Gruppe vorhanden sind und über welche Kompetenzen die Gruppe verfügt. Jeder kann auch schon sehen, ob sich seine bzw. ihre Vorstellungen mit den Vorstellungen der anderen decken. Sind alle Ideen und Kompetenzen an der Wand, hat die Gruppe einen Ideen- und Kompetenzpool, aus dem sie in den nächsten Sitzungen einzelne Projekte für ihr Jahresprogramm auswählen und dann entwickeln kann. Ein Vorstand, ein Gremium, eine Initiative muss ja nicht alles in den ersten 12 Monaten umsetzen, was ihre Mitglieder mitbringen. Für die Verantwortlichen signalisiert aber ein reichhaltiges Inventar, dass es genügend Energie in der Gruppe gibt, um Projekte anzugehen.

Die Leitung hat sich mit diesem Inventar jetzt eine Basis geschaffen, die absichert, dass es genügend Ideen und Ressourcen für die Arbeit in der Gruppe gibt.
Die Leitung, die im Auftrag der Mitglieder des Vereins tätig ist, muss aber auch noch überprüfen, ob die Inhalte im Inventar vorkommen, für die sie den Auftrag als Vorsitzende übernommen hat. Fehlt da etwas, was in ihr Aufgabenfeld gehört, muss sie das dem Inventar hinzufügen. Ist das abgeschlossen, braucht es eine verbindliche Vereinbarung, wie man mit den Ideen und Vorstellungen des Inventars weiter verfährt. Hier könnte man vereinbaren, dass bei einer nächsten Sitzung überlegt wird, welche Ideen als erstes aufgegriffen und wie sie umgesetzt werden.

Sicherung der Kooperation

Damit aber auch die Beziehungsebene nicht zu kurz kommt, denn sie ist wichtig für die Motivation und Ausstrahlung der Gruppe, braucht es noch Vereinbarungen, die die Zusammenarbeit im Blick haben. Es braucht einige wenige Regeln, die aber notwendig sind, damit jedes Gruppenmitglied Orientierung bekommt, an was es sich zu halten hat und die der Leitung in allen Phasen des Gruppenprozesses Handlungsfähigkeit ermöglichen.
Die Regeln, über die wir eine verbindliche Vereinbarung brauchen, beziehen sich auf die Art und Weise, wie das Gremium arbeitet, wie es miteinander umgeht, wie es Konflikte angeht, wie es zu Ergebnissen kommt. In kirchlichen Gruppen und Gremien geht es nicht zuletzt um die geistliche Dimension, wie diese in der Gruppe, dem Gremium gelebt werden soll. Das heißt, als Leitung tragen wir die Verantwortung dafür, wie sich das Leitbild und dessen Werte durch unsere Leitung in der Gruppe verwirklicht.

Diese Verantwortung leitet sich von unserer Beauftragung her, die uns einen besonderen Auftrag für die Werte gibt, die in dem Leitbild, in dem Profil des Vereins, des Verbandes, der Einrichtung beschrieben sind. Damit wir als Ehrenamtliche diesem Auftrag gerecht werden, können wir folgende Anregung für eine Vereinbarung mit der Gruppe nutzen.

Beispiel für eine Vereinbarung:
Die folgenden Kriterien dienen der Anregung. Jede Gruppe kann sich ihre eigene Vereinbarung schreiben. Für ausgesprochen wichtig erachten wir den Punkt, bei dem es um die Konflikte geht. Wird dieser nicht mit aufgenommen, ist die Leitung im Konfliktfall hilflos denen ausgeliefert, die die Konfliktklärung behindern. Sie kann dann oft auch bei Mobbing wenig ausrichten.
Kontrakt:

- Wir fangen Sitzungen pünktlich an und hören pünktlich auf.
- Wer nicht kommen kann, meldet sich ab.
- Am Anfang gibt es immer die Möglichkeit, persönlich anzukommen, damit man voneinander weiß und sich gegenseitig stützen kann. (Erfahrungsaustausch über die zurückliegende Zeit)
- Wir nehmen Aktuelles in die Tagesordnung mit auf.
- Wer sich in der Gruppe über jemanden ärgert, soll das möglichst dann in der Gruppe ansprechen, wenn Verärgerung aktuell geschehen ist. Alle verpflichten sich, den Ärger mit demjenigen zu klären, den es betrifft, und nicht ewig mit sich herumzutragen oder sich bei anderen zu entlasten.
- Konflikte werden in der Gruppe geklärt und nicht nach außen getragen.

- Es gibt jemand in der Gruppe, der die Konflikte moderieren kann, oder es wird jemand von außen geholt.
- Über Dritte wird nicht geredet, und wenn, dann nur Gutes.
- Über Persönliches von anderen wird nicht außerhalb der Gruppe gesprochen.
- Bedingungen festlegen, unter denen weitere Gruppenmitglieder hinzukommen können.
- Für kirchliche Gruppen: Verfahren festlegen, wie die geistliche Dimension von der Gruppe gelebt werden kann.

Für diese Regeln, die in der Gruppe gelten sollen, holt sich die Leitung das Einverständnis und praktisch damit auch den Auftrag von der Gruppe, für die Einhaltung der Verhaltensregeln zu sorgen. Diese Verhaltensvereinbarung gilt, wenn alle zustimmen. Was jetzt noch geklärt werden muss, sind die organisatorischen Fragen.

- Wie viele Treffen soll es geben?
- Wo finden die Treffen statt?
- Welchen zeitlichen Rahmen setzen wir uns für die Treffen?

Wurde auch das entschieden, ist die Basis und das Fundament für eine konstruktive Zusammenarbeit gelegt. Auf diese verbindlichen Absprachen können sich sowohl die Leitung als auch die Gruppenmitglieder beziehen. Sie sind einforderbar.

Weshalb braucht man eine Vereinbarung?

Es erscheint befremdlich, dass eine Gruppe engagierter Menschen eine Vereinbarung treffen soll. Geht es denn nicht ohne? Es ist tatsächlich ein Vorschlag, der so im Bereich von Non-Profit-Unternehmen nicht praktiziert wird. Aber dass wir Vereinbarungen eingehen, gehört zu unserem Alltag. Denn eine Vereinbarung ist eine schriftlich oder mündlich getroffene Übereinstimmung zwischen zwei oder mehreren Seiten. In einer Vereinbarung sichern sich die Menschen ein verbindliches Vorgehen zu und erklären sich mit den Bedingungen einverstanden. Es gelten längst eine ganze Reihe von Vereinbarungen, die wir schon eingegangen sind. Schriftliche Verträge wie zum Beispiel Darlehen, Hypotheken, Kaufverträge, Wartungsverträge, Versicherungsverträge etc. Diese Verträge sichern denjenigen, die sie eingehen, dass die Investitionen von ihrer Seite mit den Investitionen der anderen Seite in Ausgleich kommen. Sie machen die Bedingungen transparent, die beide Seiten vor Abschluss einer Vereinbarung kennen müssen. Sie sichern auch ab, welche Konsequenzen erfolgen, wenn eine Seite den Vertrag nicht einhält. Diese Konsequenzen sind nämlich bereits in der Vereinbarung festgelegt. Bei Kaufverträgen und anderen Vereinbarungen sichert unser Gesetz die Rechte und Pflichten des Einzelnen.

Wir kennen auch andere Formen von Vereinbarungen. Wir verabreden uns z.B. mit jemandem und gehen davon aus, dass er diese Verabredung auch einhält. Wir leihen ein Buch aus, und der andere sichert uns zu, dass er es auch wieder zurückbringt. Auch das sind Vereinbarungen, bei denen es immer um zwei Seiten geht. Beide Seiten tragen ihren Teil dazu bei, dass die Vereinbarungen gelingen, dass es Ausgleich gibt. Nicht immer müssen diese Vereinbarungen schriftlich erfolgen. Viele Versprechen, die wir eingehen, oder Zusagen, die wir machen, basieren auf mündlichen Absprachen. Daher brauchen Verträge auch nicht unbedingt die Schriftform. Wir rechnen damit, dass sich der andere bzw. wir selbst uns an diese Abmachungen halten. Das ist aber nicht immer selbstverständlich, denn bei mündlichen Absprachen vertrauen wir darauf, dass es dem anderen wie uns selbst einen Wert bedeutet, sich an diese Vereinbarung auch zu halten.

Das erfordert vom Einzelnen, Verantwortung für das eigene Handeln zu übernehmen und den eigenen Anteil innerhalb eines sozialen Gefüges zu erkennen. Auch wenn Gruppen zusammenkommen, braucht es Absprachen, damit die gemeinsame Arbeit, das gemeinsame Projekt gelingen kann. Für eine gute Vereinbarung in einer Gruppe zu sorgen, ist die wichtigste Leitungsaufgabe in der Anfangsphase. Es ist hilfreich, diese Vereinbarungen schriftlich niederzulegen, damit man sie nach einiger Zeit überprüfen bzw. ergänzen kann.

Vereinbarungen in der Satzung

In Vereinen und Verbänden sind ehrenamtliche Leitungen an Satzungen des Vereinsrechtes gebunden, die auch die formalen Abläufe wie Mitgliederversammlung, Kassenprüfung u.a. absichern. Bei einem Ehrenamt, wie es Herr Klaus im Sportverein TUS Wille oder Thomas als Obermessdiener im Seelsorgebereich übernehmen, müssen sie sich kundig machen, worin ihre Pflichten und Rechte bestehen, die über die Orientierung am Leitbild hinausgehen. Das tun sie am besten, indem sie im Vorstand oder bei dem für die Messdiener Verantwortlichen nachfragen.

Wem dient eine Vereinbarung?

Weshalb muss man sich die Mühe einer Vereinbarung machen? Die verbindliche Vereinbarung bietet erst einmal die Sicherheit, dass sich jeder auf bestimmte Regeln beziehen kann. Es kann gearbeitet werden, ohne dass ständig Diskussionen über störendes Verhalten entstehen (z.B. zu spät kommen, bei Sitzungen nicht erscheinen…). Das ist aber nur ein Vorteil der Vereinbarung. Eine viel bedeutendere Rolle spielt sie in der Machtkampfphase (s. Kap. 2.7). Da erst zeigt sich die Qualität der Vereinbarungen. Sie bieten nämlich allen Seiten die Sicherheit, dass sich nicht Einzelne einfach über andere hinwegsetzen können, denn es gibt Grundvereinbarungen, die für alle gelten. Für die Leitung bedeuten die Verbindlichkeiten, in der Machtkampfphase handlungsfähig zu bleiben. Denn sie kann auf der Basis der Vereinbarungen, die z.B. bezüglich Konflikte getroffen wurden, handeln. Wenn die Gruppe vereinbart hat, dass in Konfliktsituationen die Konflikte in der Gruppe geklärt werden, dann hat die Leitung eine Handhabe, entweder den vorhandenen Konflikt selbst zu moderieren oder Unterstützung von außen dazuzuholen. Die Konfliktbeteiligten können sich laut Vereinbarung der Konfliktklärung nicht entziehen. Ohne diese Vereinbarung könnten Einzelne die Konfliktklärung verweigern und damit einen ständigen Herd der Unruhe unter Feuer halten.

Da wir in jeder Gruppe und in jedem Gremium mit Konflikt- und Machtkampfphasen rechnen müssen, sind die Vereinbarungen über den Umgang mit Unzufriedenheit und Konflikten ein wichtiges Instrument für unsere Handlungsfähigkeit in der Leitung. Gleichzeitig werden mit der Einhaltung der Vereinbarungen auch die Werte des Leitbildes der Institution, des Vereines umgesetzt, denn sie schüt-

zen die Einzelnen in kritischen Situationen vor Verletzung, vor Ausgrenzung, vor Willkür und Mobbing.
Eine Vereinbarung ist jedoch keine absolute Gewähr, dass sich tatsächlich alle daran halten. Aber gerade für diesen Fall, wenn sich Einzelne nicht an die verbindlichen Vereinbarungen halten, sind sie unentbehrlich. Denn mit dieser Vereinbarung können die anderen etwas einfordern, was als verbindlich festgelegt wurde.

In Krisenzeiten handlungsfähig sein

Leitung gelingt erst dann, wenn sie auch in schwierigen Situationen reagieren kann. An den folgenden Beispielen kann das deutlich werden.
Wenn Pünktlichkeit vereinbart ist, können die anderen und die Leitung ohne großen Aufwand das Gruppenmitglied auf die Vereinbarungen hinweisen. Gibt es keine Vereinbarungen, muss die Pünktlichkeit immer wieder neu ausgehandelt werden. Das kostet Zeit und Nerven. Ähnlich ist es, wenn jemand ohne Entschuldigung fehlt oder wenn abgesprochene Termine nicht eingehalten werden.
Handlungsfähig heißt auch, dass die Leitung im Konfliktfall durch die Vereinbarung die ausdrückliche Erlaubnis und Pflicht hat, die auftretenden Konflikte zur Klärung zu bringen. Fehlt die Vereinbarung, kann sich jedes Gruppenmitglied auf den Standpunkt stellen, dass es keine Konflikte klären muss, und kann diejenigen, die sich ärgern, auf dem Unmut sitzen lassen. Gibt es aber die Vereinbarung, dass Konflikte in der Gruppe geklärt werden, kann die Leitung die Klärung dann auch einfordern, wenn sich jemand entziehen will.
Es lohnt sich, die Vereinbarungen/den Kontrakt für alle schriftlich festzuhalten. Wenn neue ehrenamtliche Mit-

arbeiter/innen oder Gruppenmitglieder hinzukommen, werden diese Personen mit dem Kontrakt vertraut gemacht. Sie sehen, dass der Vorstand, die Gruppe sich ein solides Fundament geschaffen haben, und können daher zustimmen.

Raster für den Start einer Gruppe, eines Gremiums

Was wird gemacht?	Mit welcher Methode ?
1. Jeder lernt jeden kennen	Ausflug, Grillabend, Wallfahrt, kleiner Sektempfang, Schiffstour etc…
2. Jeder hört von jedem, was ihn/sie zur Übernahme des Ehrenamtes motiviert hat und welche Kompetenzen das einzelne Mitglied einbringen kann	Anhörkreis
3. Jeder formuliert seine / ihre Ideen	Jeder schreibt auf Zettel seine Ideen und Vorschläge auf, die er gerne in dem Gremium umsetzen möchte.
4. Ideen werden geordnet	Die Zettel werden thematisch auf einer Wand geordnet
5. Es werden Vereinbarungen über die Zusammenarbeit getroffen	Für alle sichtbar auf eine Flipchart oder Tafel schreiben und als verbindlichen Kontrakt ins Protokoll mit aufnehmen

Zusammenfassung

Damit aus einer Ansammlung von Menschen eine Gruppe, ein arbeitsfähiges Gremium, ein innovativer Vorstand wird, ist die Anfangsphase ein wichtiges Element, das die Leitung nutzen sollte. Deshalb macht es Sinn, am Beginn zuerst den Aufbau der Beziehungen in den Blick zu nehmen und dann in weiteren Schritten durch verbindliche Vereinbarungen ein tragfähiges Fundament für die Zusammenarbeit zu legen. Diese Vereinbarungen setzen sich einerseits aus den Ideen und Vorstellungen der Mitglieder der Gruppe sowie andererseits aus den Vorstellungen der Leitung zusammen. Auch sind Regeln für die Kooperation und den Ablauf von Besprechungen notwendig. Die Vereinbarungen sind dann abgeschlossen, wenn sich beide Seiten auf verbindliche Inhalte und Vorgehensweisen sowie einige Regeln über die Art und Weise der Zusammenarbeit geeinigt haben. Die Vereinbarungen sollten am Anfang einer Arbeitsperiode geschlossen werden.

2.5 Rollenklarheit erleichtert das Ehrenamt

Die Leitung hat sich durch die Vereinbarung am Beginn mit der Gruppe, dem Vorstand, dem Gremium eine Basis für ihr Handeln gelegt. Nun hat sie ein Ideenrepertoire aus der Gruppe sowie eine Vereinbarung über die Kooperation und die Vorgehensweise.

Was folgt daraus für die Rolle der Leitung? Wofür ist die Leitung zuständig?

Mit den Projekten und den Vereinbarungen bezüglich der Kooperation hat die Leitung einen Auftrag mit den Gruppenmitgliedern vereinbart.

Dieser Auftrag heißt: die Leitung sorgt dafür, dass die Gruppe die Ideen umsetzen kann und dass die Regeln für die Kooperation eingehalten werden.
Mit diesem Auftrag kann sich die Leitung in Ruhe auf den Weg mit der Gruppe machen.
Denn die Vereinbarungen geben der Leitung Sicherheit in ihrer Rolle. Mit dieser Vereinbarung hat die Leitung ihren Auftrag, den sie ursprünglich von den Mitgliedern des Vereins bekommen hat, mit dem Vorstand bzw. dem Projektteam oder dem Ausschuss inhaltlich gefüllt. Dadurch ist sie nicht nur formell durch Wahl oder Ernennung für ihre Leitung eingesetzt, sondern auch von den einzelnen Mitgliedern des Vorstandes, des Gremiums sozusagen bestätigt. Denn die Vorstandsmitglieder wie auch Mitglieder des Gremiums bzw. des Projektteams wollen ihre Ideen umsetzen und brauchen dafür jemanden, der den Weg der Umsetzung gestaltet. Das ist der Auftrag für die Leitung. Sie ist befugt und sogar in die Pflicht genommen, die Ideen der Gremienmitglieder aufzugreifen und zur Umsetzung zu bringen. Die Vereinbarungen über die Kooperation dienen ihr und dem Gremium. Sie kann den inhaltlichen Auftrag weitestgehend störungsfrei umsetzen. Wenn es Schwierigkeiten gibt, bleibt sie auf der Basis der Kooperationsregeln handlungsfähig. Für ihre Leitungsrolle heißt das konkret, dass sie sich als Dienstleister/in für die Entwicklung und Umsetzung der Projekte in der Gruppe versteht. Sie muss die Projekte nicht selbst entwickeln und verwirklichen, sondern vielmehr durch ihre Leitung behilflich sein, dass die Gruppe kooperiert und das Ziel im Auge behält. Wenn die Leitung ihre Aufgaben so strukturiert und mit dem Gremium vereinbart, befreit sie sich von dem Druck, dass alles an ihr hängt und sie für den Erfolg allein verantwortlich ist.

Für die Mitglieder heißt dieses Leitungsverständnis, dass sie in der Umsetzung ihrer Ideen durch die Leitung unterstützt werden.
Das hier beschriebene Leitungsverständnis überrascht sicher. Es zeigt aber in Bezug auf die Rolle, dass die Leitung nur für bestimmte Aufgaben zuständig ist. Die Verantwortung für das Gelingen tragen alle mit.
Für die Mitglieder des Gremiums, des Vorstandes ist ein solches Leitungsverständnis attraktiv. Denn sie können darauf vertrauen, dass die Leitung dafür sorgt, dass jeder in dem Gremium mit seinen Vorstellungen vorkommt, seine Begabungen ein- und umsetzen kann sowie die Vielfalt der Charismen zum Tragen kommen.
Wie geht die Leitung konkret vor?
Bei der Umsetzung dieses entlastenden Leitungsverständnisses helfen der Leitung bestimmte Verfahren. Sie unterstützen die Leitung vor allen Dingen bei Sitzungen und Besprechungen. Diese werden im nächsten Kapitel dargestellt.

Zusammenfassung:
Wenn die Leitung eine Vereinbarung darüber herbeiführt, was das Gremium inhaltlich vorhat, füllt sie ihren offiziellen Auftrag mit den Ideen und Vorstellungen der Gremienmitglieder. Damit erhält sie einen verbindlichen Auftrag auch von dem Gremium, das sie bevollmächtigt, die Umsetzung zu gestalten. Sie definiert auf diese Weise ihre Rolle gegenüber dem Gremium. Sie versteht sich als Dienstleister für die Erreichung der vereinbarten Ziele. Wenn die Leitung ihre Rolle so sieht, haben die einzelnen Mitglieder des Gremiums, der Gruppe die Chance, ihre Ideen, Begabungen und Kompetenzen zu entwickeln und umzusetzen. Damit

verteilt sich die Verantwortung für das Gelingen auf alle Mitglieder des Gremiums und die Vielfalt ist gewährleistet. Für die Kooperation vereinbart die Leitung bestimmte Regeln, die sie auch bei Schwierigkeiten und in Konfliktphasen handlungsfähig bleiben lässt.

2.6 Einen Vorstand, ein Gremium führen und Gespräche moderieren

Im vorausgehenden Beitrag wurde deutlich, dass eine Leitung, die durch die Vereinbarungen mit dem Gremium ihren Auftrag inhaltlich füllt, sich auch in einer bestimmten Weise in ihrer Leitungsrolle definiert. Sie versteht sich als Dienstleister für das Gremium und trägt die Sorge dafür, dass die Ideen des Gremiums umgesetzt werden. Weiter sieht sie ihre Aufgabe darin, dass die Werte des Leitbildes erlebt werden. Ihre Rolle übt sie vor allem in Besprechungen und Sitzungen aus. In der Regel leitet sie die Sitzung. Dafür braucht sie Verfahren der Gesprächsleitung. Diese Verfahren müssen so angelegt sein, dass sie helfen, die vereinbarten Ziele zu erreichen.
Die Werte des Profils, des Leitbildes erfordern ein Weiteres. Die Leitung setzt die Werte in der Weise um, dass sie jeden Gesprächsbeitrag achtet und dass jeder zu Wort kommt. Sie muss verhindern, dass Angriffe oder Bewertungen ausgesprochen werden. Damit setzt sie wichtige Werte um, für die sie die Verantwortung übernommen hat.
Es gibt vier wichtige Gesprächsformen, die eine Leitung in ihrer Arbeit und in den zu erreichenden Zielen unterstützen. Jede Gesprächsform wird für jeweils eine Zielsetzung eingesetzt. Damit diese Zielsetzung erreicht wird, liegt jeder

Gesprächsform ein bestimmtes Regelwerk zu Grunde, das für die Leitung einen sicheren Leitfaden abgibt. So braucht sie z.B. für eine Entscheidungsfindung in einem Gremium eine andere Gesprächsmethode als für einen Erfahrungsaustausch, eine andere für die Leitung einer Diskussion, wieder eine andere für die Moderation eines Konflikts.

Weshalb ist die Methodik der Gesprächsleitung so ausschlaggebend für den Erfolg der Leitung?
Mit einer gezielt eingesetzten Gesprächsleitung sichern wir, dass die Gruppe ihre Ziele erreichen und umsetzen kann. Denn jede Kommunikation in dem Gremium, in dem wir leiten, verfolgt ein Ziel. Dazu einige Beispiele:

Steht auf der Tagesordnung der **TOP**: Austausch über das Sommerfest, geht es darum, dass jede/r Einzelne seine Erfahrung und Beobachtungen zum Verlauf des Festes mitteilen kann.
Die Frage kann lauten: *„Wie haben Sie das Sommerfest erlebt, was ist uns gut gelungen, was war schwierig?“*
Es geht nicht darum, über das Sommerfest zu diskutieren oder etwas zur Entscheidung zu bringen, sondern darum, die persönlichen Eindrücke der Einzelnen zu erheben, um ein Gesamtbild über das zu bekommen, was beim Sommerfest gut gelaufen ist bzw. nicht so hilfreich war.
Die Gesprächsform, die hier das Ziel unterstützt, ist der Erfahrungsaustausch. Der Erfahrungsaustausch erhebt die Beobachtungen und Eindrücke jedes einzelnen Mitglieds und sichert so das Erfahrungswissen der Gruppe. Zugleich schafft der Erfahrungsaustausch eine vertraute Atmosphäre.
Die Regeln des Erfahrungsaustausches fordern, dass jeder von seinen Beobachtungen spricht, dass jeder seine Ein-

drücke schildern kann, dass die Einzelnen nicht Beiträge anderer bewerten, dass eine gute Gesprächsatmosphäre aufgebaut wird, in der jeder zu Wort kommt und gegenseitige Achtung spürbar ist. Der Erfahrungsaustausch ist eine „weiche" Gesprächsform, die in einer Gruppe für eine hohe Akzeptanz untereinander und eine gute Atmosphäre sorgt. Das alles geschieht aber nur, wenn die Leitung die Regeln für den Erfahrungsaustausch konsequent einhält und sichert.

Steht auf der Tagesordnung der **TOP**: Diskussion über die Methoden des Spendenmarketings, kann die Frage zur Diskussion gestellt werden:
„Was spricht dafür, was dagegen, dass Acquisiteure von Spenden prozentual an dem Spendenaufkommen beteiligt werden?"
Hier ist das Ziel, dass jeder Einzelne durch die Argumente, die vorgebracht werden, seine eigene Auffassung überprüfen und sich persönlich eine Meinung bilden kann. Denn die Diskussion hat zum Ziel, dass sie die Meinungsbildung zu einem kontroversen Thema durch den Austausch von Argumenten unterstützt. Hier geht es nicht mehr um die individuellen Erfahrungen, sondern unabhängig von der Person um Argumente, die für oder gegen „prozentuale Beteiligung am Spendenaufkommen" sprechen. Liegen genügend Argumente pro und kontra vor, kann jeder seine eigene Meinung überprüfen bzw. auch revidieren.
Für diese Gesprächsform braucht die Leitung die Regeln für die Diskussionsleitung. Diese unterscheiden sich erheblich von denen des Erfahrungsaustausches. Denn hier geht es um Statements, die argumentativ formuliert werden. Die Leitung muss darauf achten, dass Argumente und nicht Erfahrungen oder Meinungen auf den Tisch kommen, denn

Meinungen, die nicht argumentativ unterfüttert sind, sind persönliche Ansichten, die nichts zur Klärung des Sachverhaltes beitragen. Außerdem besteht die große Herausforderung in der Gesprächsleitung darin, die Diskussion durch die Regeln sachlich zu halten und Emotionen und persönliche Angriffe zu unterbinden. Denn die Diskussion kann schnell in einen Streit umkippen, wenn die Gesprächsleitung nicht strikt die Regeln einhält. Zu den Regeln gehört auch, dass die Gesprächsleitung selbst absolute Neutralität wahrt. Verlässt sie ihre Neutralität, verliert sie die Akzeptanz in dem Gremium.

Steht auf der Tagesordnung der **TOP**: *„Entscheidung, wie es mit dem Internetcafé weitergehen kann"* , dann geht es darum, dass das Gremium zu einer Entscheidung kommen soll, die von allen mitgetragen wird. Es geht um die Lösung eines Sachproblems. Dieses Sachproblem muss aber die Leitung genau definieren, damit die Ideen des Gremiums auch auf die Lösung dieses Problems hin ausgerichtet werden.
Das Sachproblem formuliert sich am besten aus der Beschreibung der Ist-Situation:
Wir haben im Internetcafé 2 PC's, einen Kicker und eine kleine Bar, an der es alkoholfreie Getränke für die Jugendlichen gibt. Die Beobachtung ist, dass zwar viele Jugendliche vorbeischauen, aber meist nicht länger als eine halbe Stunde im Café verweilen. Das Problem, das sich stellt: „Wie müssen wir das Angebot im Internetcafé so gestalten, dass es größere Attraktivität gewinnt?" Falls wir Anschaffungen machen müssen, stehen uns 5000 Euro zur Verfügung.

In dieser Gesprächsform geht es um eine Entscheidung, wie sich das Internetcafé attraktiver gestalten lässt. Dafür nutzt die Leitung die Regeln als Entscheidungsfindung. Diese ermöglichen, dass nach der Problemformulierung erst einmal Ideen ohne Bewertungen eingesammelt werden, die die Mitglieder des Gremiums zur Lösung sehen. Nach der Ideensammlung geht es in die Realitätsprüfung. Hier werden die einzelnen Ideen durch die Pro und Kontra-Diskussion auf ihre Realisierbarkeit „abgeklopft". Erst dann kann eine tragfähige Entscheidung getroffen werden. Der letzte Schritt, nachdem die Entscheidung getroffen ist, besteht darin, die Aufgaben zu verteilen und Zeit zu bestimmen, bis wann was erledigt sein muss.

Steht auf der Tagesordnung der **TOP**: *„Klärung der Unzufriedenheit von Frau Müller mit Herrn Schmitz"*, dann geht es um einen persönlichen Konflikt. Denn wenn es ein Problem gibt, das sich auf eine Person bezieht, dann sprechen wir nicht mehr von einem Sachproblem, sondern von einem Beziehungsproblem. Stellt sich die Unzufriedenheit von Frau Müller als Beziehungsproblem heraus, dann braucht die Leitung die Regeln für die Konfliktbearbeitung.
Diese Regeln verfolgen das Ziel, dass sich die im Konflikt befindlichen Personen in ihren Gefühlen verstehen können. Denn im Konflikt geht es um die Gefühle, wie Enttäuschung, sich verletzt fühlen, sich angegriffen fühlen. Da Konflikte nicht ein für allemal zu lösen sind, weil wir im Konflikt immer auch mit unseren Engführungen unseres Charakters und denen des anderen konfrontiert werden, lassen sich Konflikte nur verstehen. Dieses Verstehen muss die Leitung moderieren. Dazu hat sie in den Konfliktregeln eine große Unterstützung (s. Kap. 2.7).

Wir sehen, dass die Gesprächsleitung ein differenziertes „Geschäft" ist und dass die Leitung damit den größten Teil ihrer Aufgaben steuert. Machen wir uns in Leitung darin fit, können wir viel zu einer erfolgreichen Sitzungskultur beitragen und den Aufgaben, denen wir uns als Leitung verpflichtet fühlen, gerecht werden. Auch ermöglichen wir jedem Einzelnen, seinen Platz in der Gruppe einzunehmen, wir achten jeden Beitrag, verhindern Bewertungen und Angriffe und sichern ab, dass Konflikte nicht im Untergrund gegen die Gruppe arbeiten.

Wenn es uns durch unsere Gesprächsleitung gelingt, eine gute Gesprächsatmosphäre aufzubauen, tragen wir dazu bei, dass jeder Wertschätzung erlebt und dass die Gruppenmitglieder in ihrer Motivation und Mitarbeit unterstützt werden. Dann können alle ihre unterschiedlichen Charismen und Begabungen einbringen und weiterentwickeln. Damit sichert die Leitung die aktive Mitarbeit und Motivation der Gruppenmitglieder.

Übernimmt die Leitung die Gesprächsleitung selbst, hat sie den größten Einfluss auf die Umsetzung der Werte und die Entwicklung einer Gesprächskultur. Sie kann die Gesprächsleitung aber auch delegieren.

Die Regeln für die verschiedenen Gesprächsformen sind unterschiedlich, aber erlernbar und gelten als Schlüsselkompetenzen für diejenigen, die Gremien, Teams und Gruppen moderieren, ob im Arbeitsleben oder bei Non-Profit-Unternehmen oder Vereinen.

Damit die Leitung ihrer Aufgabe in der Gesprächsleitung angemessen gerecht wird, kann sie sich diese Kompetenzen aneignen. Sie kann das Regelwerk für die verschiedenen Gesprächsformen lernen und in Fortbildungen konkrete Situationen einüben (www.weiterbildung-live.de).

Häufig wird uns die Frage gestellt:
Braucht es unbedingt jemanden, der leitet? Warum können die Gremienmitglieder nicht selber auf die Regeln achten?
Grundsätzlich kann man sagen, dass die Mitglieder eines Vorstandes, eines Ausschusses dazu da sind, sich inhaltlich an den Themen und Projekten zu beteiligen. Von diesen Aufgaben würden sie abgelenkt, wenn sie zugleich die Gesprächsleitung im Blick haben müssten. Das würde sie von ihrer Aufmerksamkeit für das, was sie inhaltlich zu sagen haben, abbringen. Sie brauchen ihre ganze Energie für inhaltliche Beiträge und sind entlastet, wenn die Gesprächsleitung für den Ablauf der Besprechung und den Schutz jedes Einzelnen sorgt. Nur so haben sie den „Kopf" frei, um sich mit Themen und zu lösenden Problemen auseinanderzusetzen.
Ein Weiteres gilt: Wenn die Leitung der Gruppe überlässt, wie sie kommuniziert, dann hat sie nicht mehr in der Hand, ob die Werte des Leitbildes im Blick sind. Sie schafft ein Leitungsvakuum, in das sofort jemand anderes hineinspringt. Meist ist es jemand, der punktuell seinen Einfluss auf die Gruppe geltend machen will. Dieser hat jedoch nicht die offizielle Beauftragung, trägt auch nicht die Verantwortung für die Konsequenzen und kann jederzeit wieder aus der Leitung aussteigen.
Will die Leitung selbst nicht leiten, kann sie die Leitung offiziell delegieren. Dann muss sie nur absichern, dass die/derjenige die Kompetenzen für die Gesprächsleitung mitbringt.
Wird ein Gremium durch eine gute Gesprächsleitung geleitet, kann man beobachten, dass sich langfristig eine Gesprächskultur aufbaut, die der Leitung die Gesprächsleitung sehr erleichtert, weil die Mitglieder sich an die Einhaltung

bestimmter Regeln gewöhnt haben. Das ist dann aber der Erfolg der konsequenten und strikten Gesprächsführung, die die Leitung durchgehalten hat.

In Kürze die Übersicht über die vier verschiedenen Gesprächsformen:

Erfahrungsaustausch

Der Erfahrungsaustausch ist eine Gesprächsform, in der das Erfahrungswissen der Teilnehmer zu einem Thema gehoben wird. Das ist unersetzlich, wenn man zum Beispiel eine Aktion reflektieren und die Qualität verbessern will. Die Regeln des Erfahrungsaustausches sichern ab, dass jeder zu Wort kommt, dass die individuellen Sichtweisen ohne Bewertungen geäußert und dass die Ergebnisse für die Weiterarbeit gesichert werden. In dieser Gesprächsform kann sich auch die Leitung am Schluss mit ihren Erfahrungen zu dem jeweiligen Thema mit einbringen, ohne dass sie die Regeln der Moderation verletzt. Die Gesprächsleitung achtet darauf, dass keine Bewertungen ausgesprochen werden, dass jeder zu Wort kommt und dass keiner auf die Erfahrungen anderer Bezug nimmt. Sie sichert die Ergebnisse des Austausches.

Übersicht Rundgespräch / Erfahrungsaustausch

Ziel des Erfahrungsaustausches:

Der Erfahrungsaustausch dient dazu, die Erfahrungen der Mitglieder einer Gruppe für die Arbeit fruchtbar zu machen. Er kann eingesetzt werden, wenn die Gruppe einen Jahresrückblick hält, wenn sie eine Aktion reflektiert, oder wenn eine Gruppe vor Entscheidungen noch einmal die

Beobachtungen aller bündeln will. Auch ist der Erfahrungsaustausch am Beginn einer Sitzung hilfreich, wenn es darum geht, dass die Mitglieder aus der letzten Zeit ihre persönlichen Erfahrungen mitteilen, um Orientierung zu geben und den Beziehungsaufbau in der Gruppe zu unterstützen.

1. Voraussetzungen:
Die Gruppen oder Gremienmitglieder sollen sich eingeladen fühlen, persönliche Erfahrungen, Sichtweisen, Beobachtungen und Empfindungen zum Thema auszutauschen.

2. Form der Gesprächsbeiträge:
Formulierung persönlicher Erfahrungen, Sichtweisen, Beobachtungen und Empfindungen in „Ich-Aussagen".

3. Schritte des Rundgespräches / Erfahrungsaustausches
1. Formulierung des Themas
2. Jeder kommt zu Wort mit seiner persönlichen Sichtweise zum Thema
3. Zusammenfassung der Ergebnisse

4. Aufgaben der Leitung:
- führt in das Thema ein,
- ermöglicht eine angstfreie Gesprächsatmosphäre,
- motiviert die Gesprächsteilnehmer, sich zum Thema zu äußern,
- verbalisiert die Gesprächsbeiträge und arbeitet die Themen heraus,
- verhindert, dass Beiträge bewertet oder diskutiert werden,

- fasst am Schluss die Beiträge zusammen und formuliert die Themen, die sich durch den Erfahrungsaustausch ergeben haben.

Interventionen der Leitung:
- motiviert schweigende Mitglieder mit offenen Fragen zum Gesprächseinstieg,
- Integration der VielrednerInnen durch Verbalisieren.

Diskussion

Die Diskussion lohnt sich da, wo es kontroverse Themen gibt und die Einzelnen ihre Meinung überprüfen möchten. Die Diskussion soll dazu führen, dass sich jeder eine fundierte Meinung zu einem Thema bilden kann. Das wird erreicht, wenn die Moderation dafür sorgt, dass die Pro- und Kontra-Argumente zum Thema möglichst vollständig auf den Tisch kommen. Dafür muss sie sich selbst jedoch aus der inhaltlichen Diskussion heraushalten, weil sie sonst die Neutralität verlässt und die Akzeptanz der TeilnehmerInnen verliert. Die Gesprächsleitung achtet darauf, dass die Statements argumentativ formuliert werden und dass die Diskussion sachlich bleibt.

Übersicht Diskussion

1. **Voraussetzungen**
   Eine Regelung, ein Gesetz, eine Theorie sind umstritten. Es gibt gegensätzliche Standpunkte in der Gruppe. Jemand übernimmt die Leitung.

2. Form der Gesprächsbeiträge

Argumentativ formulierte Beiträge der DiskussionsteilnehmerInnen.

3. Schritte der Diskussion

1. Die Diskussionsleitung formuliert das Problem.
2. Jede/r in der Runde gibt eine Stellungnahme ab.
3. Die Diskussionsleitung wiederholt und ordnet die Beiträge. Dabei stellt sich meist heraus, dass das Problem unter mehreren Aspekten betrachtet werden muss. Der/die LeiterIn formuliert diese Aspekte als Unterthemen.
4. Die Leitung stellt die Unterthemen nacheinander zur Diskussion
   Unterthema 1: Diskussionsbeiträge und Zusammenfassung
   Unterthema 2: Diskussionsbeiträge und Zusammenfassung
   Unterthema 3: Diskussionsbeiträge und Zusammenfassung
   ………………………
5. Abschließende Zusammenfassung durch die Diskussionsleitung

4. Regeln für die Leitung einer Diskussion

- strukturiert die Beiträge;
- gliedert das Problem in Aspekte, das heißt in Unterthemen;
- stellt Unterthemen nacheinander zur Diskussion;
- schließt jedes Unterthema durch eine Zusammenfassung der Argumente ab, ehe sie zum nächsten Unterthema übergeht;

- gibt keine eigene Stellungnahme, sondern zitiert höchstens, was sie zu dem Problem gehört, gelesen hat;
- bewertet keine Beiträge von DiskussionsteilnehmerInnen.

5. Interventionen der Leitung

- gibt Gesprächsbeiträge auf der argumentativen Ebene unter Ausblendung der Erfahrungsdimension wieder;
- arbeitet die Gesprächsbeiträge entsprechend den angesprochenen Aspekten/Unterthemen heraus, das heißt, sie strukturiert die Diskussion;
- stellt die Aspekte des Problems nebeneinander und formuliert die Unterthemen;
- kündigt jedes Unterthema an und schließt es durch eine Zusammenfassung der Argumente ab;
- unterbricht VielrednerInnen, indem das bisher Gesagte der DiskussionsteilnehmerIn zusammengefasst wird.

Entscheidungsfindung in Gremien

Soll ein Sachproblem gelöst werden, muss die Leitung zuerst prüfen, ob das Gremium, der Ausschuss dieses Problem lösen und entscheiden kann. Sie kann sich folgende Fragen stellen:
Ist das Gremium zu dieser Entscheidung legitimiert?
Kann der Ausschuss diese Entscheidung alleine treffen oder muss er noch andere fragen?

Will die Leitung auf das Ergebnis selbst Einfluss nehmen und ist sie nicht offen für jedes Ergebnis dieser Gruppe, dann sollte sie überlegen, ob sie diese Fragestellung nicht lieber selbst als verantwortliche Leitung entscheidet. Denn wenn sie ein Sachproblem einer Gruppe zur Entscheidung gibt, muss sie mit dem Ergebnis leben, das die Gruppe entwickelt. Die

Leitung kann im Entscheidungsfindungsprozess entweder moderieren, dann muss sie sich selbst inhaltlich raushalten. Oder sie gibt für wichtige Entscheidungen in diesem Gremium die Moderation an jemanden anderen ab und kann dann mitmachen.
Die Gesprächsleitung achtet darauf, dass das Sachproblem verständlich beschrieben ist, leitet die Phase der Ideenfindung ein, geht über zur Diskussion der Vorschläge und zur Entscheidung.

Übersicht Entscheidungsfindung / Konferenz

1. Voraussetzungen
Die TeilnehmerInnen der Konferenz müssen kompetent und bevollmächtigt für die Entscheidung sein, also zu dem Vorstand, zu dem Team, zu der Gruppe gehören, die zu einer Entscheidung befugt sind.

2. Form der Gesprächsbeiträge

a. Vorschläge zur Lösung des Problems einsammeln
b. Beiträge zur Prüfung der Vorschläge auf ihre Realisierbarkeit (nach den Regeln der Diskussion).

3. Schritte der Konferenz

1. Formulierung des Problems, der Aufgabe, der anstehenden Frage, die es zu entscheiden gilt
2. Vorschläge zur Lösung des Problems, der Aufgabe
3. Überprüfung der Lösungsvorschläge
   a) Was spricht für, was gegen den Vorschlag?
   b) Können wir den Vorschlag allein realisieren oder brauchen wir die Hilfe anderer?
   c) Wer wird durch den Vorschlag (negativ) betroffen?

   d) Hat der Vorschlag größere Probleme zur Folge im Vergleich zu dem, das er lösen soll?
   e) Löst der Vorschlag tatsächlich das Problem?
4. Entscheidung und Vereinbarungen treffen.

4. Regeln für die Leitung einer Konferenz
Die Konferenzleitung achtet darauf, dass alle das Problem verstanden haben (zum 1. Schritt).
Die Konferenzleitung trennt deutlich den 2. und 3. Schritt. Im 2. Schritt, in der Phase der Ideenfindung, werden die Vorschläge noch nicht auf ihre Realisierbarkeit hin überprüft.
Vorschläge und Beiträge werden von der Leitung enger zusammengefasst und strukturiert.
Eine Entscheidung sollte möglichst einstimmig getroffen werden.

Konfliktgespräch

In der Machtkampfphase, in die jede Gruppe gerät, müssen die Konflikte angegangen werden. Das Konfliktgespräch mit seinen Schritten und Regeln ermöglicht, dass die Konfliktpartner verstehen können, weshalb es zu diesem Konflikt gekommen ist. Sie können ihren Anteil am Konflikt erkennen und Vereinbarungen treffen, um ähnliche Situationen in Zukunft besser aufzufangen. Die Gesprächsleitung nutzt das Regelwerk für die Moderation von Konflikten. Wenn aber die Leitung nicht über diese Kompetenz verfügt, kann sie sich auch die Hilfe von außen holen. Wichtig ist, dass sie die Konflikte nicht liegen lässt. Übergeht sie die Konflikte, arbeiten diese im Untergrund weiter, vergiften die Atmosphäre, lähmen das Gremium, das Team und sind dann nur noch schwer zu lösen.

Übersicht Konfliktgespräch

1. Voraussetzungen:
Die TeilnehmerInnen sind an einer Klärung der Störung oder Spannung interessiert.

2. Form der Gesprächsbeiträge:

a. Formulierung des Sachverhaltes und der damit verbundenen Verletzung, Enttäuschung in Ich-Aussagen.
b. Offene Fragen zum besseren Verstehen.

3. Schritte

1. Formulierung der Störung
2. Herausarbeiten der Gefühle bei dem/der KonfliktträgerIn
3. Nachfragen, damit Hintergrundbedürfnisse geklärt werden können, Verständnis bei dem/der KonfliktpartnerIn für die Gefühle des Konfliktträgers, der Konfliktträgerin ermöglichen
4. Erkennen der persönlichen Anteile der KonfliktpartnerInnen am Konflikt möglich machen
5. Ideen entwickeln, dic zu einer gemeinsamen Lösung führen
6. Vereinbarung treffen
7. Rückmeldung über Befindlichkeit, damit jede/r mitteilen kann, wie er/sie aus der Klärung herausgehen

4. Regeln für die Leitung

- Die Gesprächsleitung motiviert den/die KonfliktträgerIn, seine/ihre Verärgerung in Ich-Aussagen zu beschreiben,
- fragt mit offenen Fragen nach, bis das Problem verstehbar ist,
- verbalisiert die Beiträge auf der Gefühlsebene und arbeitet mit offenen Fragen die Gefühle und Bedürfnisse heraus,
- erfragt das Verständnis bei dem/der KonfliktpartnerIn für die Gefühle,
- arbeitet mit beiden am Konflikt Beteiligten die jeweiligen Anteile an dem Konflikt heraus,
- erfragt Ideen und Möglichkeiten für den zukünftigen Umgang miteinander,
- motiviert die KonfliktpartnerInnen zu einer Vereinbarung,
- fragt am Ende die Befindlichkeit ab.

5. Interventionen der Leitung

Angriffe und Verletzungen werden sofort verhindert.

Zusammenfassung

Gesprächsleitung ist die Basiskompetenz für die Leitung. Mit ihr hat sie das Instrument, damit das Gremium, die Arbeitsgruppe arbeiten kann. Jede Gesprächsform unterstützt eine andere Zielsetzung und hat eigene Regeln. Deshalb muss die Leitung wissen, für welches Ziel sie welche Gesprächsform nutzen kann. Die Verfahren für die Gesprächsformen sind erlernbar, so dass sich jede Leitung diese Kompetenz erwerben kann. Deutlich geworden ist, dass die Leitung, wenn sie die Gesprächsleitung selbst übernimmt, die Werte des Leitbildes besser absichern kann. Ihre Rolle besteht darin, dem Gremium, dem Ausschuss als Dienstleister zur Verfügung zu stehen, damit die Gruppe ihre Ideen umsetzen und ihre Ziele verfolgen kann. Es sind nur vier Gesprächsformen, mit denen die Leitung ihre Aufgaben steuern kann.

2.7 Die Gruppe geht ihren Weg

In dem vorangegangen Kapitel haben wir uns mit den Kompetenzen für die Leitung von Gruppen, Gremien, Vorständen beschäftigt. Diese Kompetenzen sind die Soft-Skills, die Verhaltenskompetenzen, die wir für die Leitung entwickeln müssen und die ehrenamtliche Tätigkeit lohnend machen.
Darüber hinaus brauchen wir das Wissen um die Prozesse, die sich in Gremien, in Arbeitsgruppen, in Ausschüssen zeigen. Denn wir leiten, indem wir Menschen leiten, auch einen Prozess, der durch das Zusammenspiel von vielen entsteht. In diesem Prozess gibt es eine Dynamik, die sich gesetzmäßig vollzieht und deren Grammatik wir kennen sollten, damit wir dem Prozess nicht hilflos ausgeliefert sind. Der Gruppenprozess entwickelt sich zwar in jeder Gruppe anders, aber dennoch mit einer Regelmäßigkeit und Verlässlichkeit, dass wir uns auf seinen Phasenablauf einstellen können. Er zeigt sich in fünf unterschiedlichen Phasen.
Wie sehen die Phasen des Gruppenprozesses aus, und welche Aufgabe hat die Leitung in der jeweiligen Phase?

1. Orientierungsphase

Am Beginn eines Vorstandes, einer Arbeitsgruppe ist alles neu. In dieser Phase muss ein Gremium, eine Arbeitsgruppe, ein Vorstand noch nicht mit Schwierigkeiten oder gar Konflikten rechnen. Denn jeder ist damit beschäftigt, erst einmal die neue Situation kennen zu lernen, sich den Menschen anzunähern und sich mit den Aufgaben auseinanderzusetzen, die sich in dem Gremium stellen. Diese Phase dient der Orientierung und der Kontaktaufnahme. Jeder bringt erst einmal viel positive Energie mit. Man möchte die anderen kennen lernen, sich orientieren, wie das Eigene zu dem der anderen passt und was man miteinander auf die Beine stellen kann. Die anderen Menschen und ihre Kompetenzen machen neugierig, das gibt positive Spannung und Energie. Jeder ist darauf bedacht, nicht gleich negativ aufzufallen, d.h. man gibt sich Mühe und zeigt auch erst einmal die Schokoladenseite des eigenen Ichs.

In der Anfangssituation einer Gruppe sind die Menschen wichtig. Der Einzelne fragt sich:

„Hoffentlich finde ich jemanden, mit dem ich mich unterhalten kann", „Ob ich bei den Leuten gut ankomme?" Hoffentlich sind interessante Menschen dabei." „Finde ich ein Thema, das andere auch interessiert?" Solche und andere Fragen gehen uns durch den Kopf, das Herz und den Bauch, wenn wir neu in eine Gruppe kommen.

Jeder ist froh, wenn dieser Anfang von jemandem aktiv in die Hand genommen und gestaltet wird. Deshalb besteht die erste Leitungsaufgabe am Anfang darin, das Kennenlernen und die Aufnahme der Beziehung zu den anderen zu gestalten. Je größer der Kreis, das Gremium, desto wichtiger ist die gezielte methodische Unterstützung. Denn in großen Gruppen ist es schwieriger, die Hürde selbst zu überwinden. Ein Grillabend, ein Ausflug, eine Wallfahrt, ein Gottesdienst sind in dieser ersten Phase sehr hilfreich.

Diese investierte Zeit für den Anfang, für die Aufnahme von Beziehung zu den anderen, ist nicht vergebens. Wir nutzen sie für den Aufbau einer Kommunikationskultur und für die Entwicklung eines gesunden und belastbaren Bodens für die Arbeits- und Machtkampfphase. Denn in der Eingangssituation heißt die Botschaft, die von der Leitung ausgehen sollte: Jeder hier ist wichtig, jeder hat das Recht, etwas zu sagen, keiner fällt durch das Netz, es geht um jeden, jeder ist wertvoll.

Das sind Elemente, die für den Aufbau eines arbeitsfähigen Gremiums von entscheidender Bedeutung sind und die sich in den nächsten Phasen auszahlen.

Der Einzelne macht in der Anfangsphase die Erfahrung, dass er nicht nur das Recht auf Respekt hat, sondern auch die Pflicht, dem anderen Respekt entgegenzubringen. Diese Erfahrung führt schon am Beginn dazu, dass Werte erlebt werden und dass dieses Erleben sich einprägt.

Gestaltet niemand diese Phase der Orientierung, fallen schnell die etwas weniger Kommunikativen aus der Gruppe und werden zu Einzelgängern und Schweigern. Die Stärkeren setzen sich durch. Es entstehen Neigungsgruppen und Cliquen.

Wird der Anfang aber von der Leitung so angelegt, dass für alle ein gleichberechtigter Boden bereitet wird und jeder mit jedem reden kann, legt sich die Leitung ein erstes wichtiges Fundament für eine lebendige Kommunikationskultur. Ohne Kommunikationskultur gibt es auch keine gute Konfliktkultur, denn sie ist die Voraussetzung dafür.

Verantwortung der Leitung in der Orientierungsphase

In der Orientierungsphase hat die Leitung die Aufgabe, den Beteiligten das Aufeinanderzugehen zu erleichtern. Jeder

sollte jeden kennen lernen und etwas mehr über alle erfahren als nur den Namen und die Adresse. Das erreicht sie, indem sie die Menschen untereinander in Zweier-, Dreier- oder Vierergruppen in Verbindung bringt, so dass jeder in zwei oder mehr Kleingruppenphasen jeweils neue Mitglieder des Gremiums, der Gruppe kennen lernt. Gelingt es der Leitung ein Beziehungsgeflecht möglichst früh aufzubauen, hat sie schon viel für den Aufbau der Gruppe und den Erfolg der Projekte getan.
Hat das einzelne Gruppenmitglied die anderen kennen gelernt und fühlt sich im Umgang mit den „Neuen" schon etwas sicher, dann kommen neue Bedürfnisse. Der Einzelne will seine Vorstellungen mit einfließen lassen, sein Know-how einbringen und erfahren, welche Wünsche und Vorstellungen die anderen haben. Diese Bedürfnisse leiten organisch zur nächsten Phase über.

2. Strukturierungsphase
Fühlen sich die Gruppenmitglieder untereinander bereits ein wenig wohl, lässt sich beobachten, dass sich die Menschen nach der Orientierungsphase in kleineren oder größeren Grüppchen strukturieren. Das Kennenlernen hat ermöglicht, mehr von den anderen zu erfahren. Das führt dazu, dass sich kleine Interessengruppen finden. Man interessiert sich jetzt für Einzelne noch etwas mehr, für andere dagegen weniger. In der Strukturierungsphase geht es bereits darum, erste Aufgaben zu meistern. Dadurch rückt das Persönliche etwas in den Hintergrund, und das Augenmerk ist mehr darauf ausgerichtet, welche Kompetenzen man einbringen kann und mit wem man gerne zusammenarbeiten will. Die zweite Phase dient auch dazu, die anderen mit ihren persönlichen Kompetenzen noch etwas bes-

ser kennen zu lernen. Dabei entstehen auch Seilschaften, die sich gegenseitig unterstützen und die gerne zusammen etwas machen. Gleichzeitig kristallisiert sich auch heraus, mit wem man auch weniger gut zusammenarbeiten kann.

Verantwortung der Leitung in der Strukturierungsphase

In der Strukturierungsphase hat die Leitung die Aufgabe, mit der Gruppe an konkreten Projekten und Aufgaben zu arbeiten.

Ob bei einem Fest, einer Veranstaltung, einem Projekt, jetzt ist es notwendig, dass nicht alles in der Gesamtgruppe gemacht wird. Die Leitung muss jetzt häufiger Kleingruppen, Arbeitsgruppen, Projektgruppen ermöglichen, damit sich auch das Gruppengefüge weiterentwickeln kann und damit z.B. bei einem Projekt die Kompetenzen aller in die Ergebnisse einfließen können. Wichtig dabei ist, die Rückbindung und Transparenz für alle zu gewährleisten, damit sich nicht Kleingruppen aus der Großgruppe absplittern. Das hängt auch davon ab, wie lange die Leitung die Kleingruppen zusammenarbeiten lässt. Wer zu lange Kleingruppen ohne Wechsel lässt, kann sicher sein, dass sich die Grüppchen zu eigenständigen Gruppen entwickeln, und diese wollen dann unter sich bleiben. Es ist dann fast unmöglich, dass jemand sich für die Mitarbeit in einer anderen Gruppenkonstellation bereitfindet. Für die Leitung heißt das, dass sie die Inhalte, die in der jeweiligen Aktion anstehen, in viele kürzere Kleingruppenaufgaben gliedert. Sie erreicht damit, dass ein dynamischer Aufbau, eine Dramaturgie entsteht. Das Gefüge in der Gesamtgruppe wird stabiler und die Einzelnen in der Gruppe auch mutiger. Jetzt bahnt sich bereits die nächste Phase an.

3. Machtkampfphase

Die dritte Phase kündigt sich durch neue Phänomene an. Einzelne in der Gruppe signalisieren Unlust, kommen zu spät, gehen früher, es bilden sich Cliquen, die unter sich bleiben und sich von der Gesamtgruppe abkapseln. Die Gruppe verliert zunehmend an Dynamik, sie wirkt fast wie gelähmt. Diese Anzeichen deuten auf die Machtkampfphase hin. In der Machtkampf- oder Konfliktphase geht es darum, wer in der Gruppe bestimmt, wer das Sagen hat, wer die Normen dafür definiert, was sich der Einzelne erlauben kann und was nicht.

Da diese Fragen auch mit Leitung zu tun haben, steht meist die Leitung als erstes im Scheinwerferlicht der Kritik. An der Leitung testen die Gruppenmitglieder, wie diese mit angemeldeter Unzufriedenheit umgeht. Nur wenn man sicher sein kann, dass sie im Konflikt nicht überfordert ist und das Geschehen noch steuert, trauen sich die Gruppenmitglieder, ihre „Unzufriedenheit" auf den Tisch zu legen.

Verantwortung in der Machtkampfphase

In der Machtkampfphase geht es um mehr Selbstständigkeit für die Einzelnen in der Gruppe, aber auch um die Normen, die sich in der Gruppe oft unausgesprochen entwickelt haben. Es geht manchmal auch noch darum, die Vereinbarungen vom Beginn noch deutlicher zu beschreiben. Nicht alle sind mit der Entwicklung einverstanden bzw. halten sich an die anfangs vereinbarten Regeln. Die Leitung muss in der Machtkampfphase der Gruppe die Möglichkeit geben, dass das, was sich erst im Untergrund meldet, ans Licht kommen kann. In dieser Phase hat die Leitung großen Einfluss auf die Konfliktfähigkeit einer Gruppe. Sie kann durch ihr eigenes Verhalten Konflikte unterbinden oder zulassen. Gibt sie in

die Gruppe das Signal, dass sie keine Konflikte haben will, werden diese nicht offen ausgetragen und arbeiten im Untergrund gegen die Leitung und gegen die Gruppe.
Eine Leitung, die Offenheit für Konflikte zeigt, ermöglicht der Gruppe, offen durch den Machtkampf zu gehen. Gute Konfliktbearbeitung setzt viel neue Energie und Arbeitsmotivation frei. Deshalb ist die Machtkampfphase wichtig für die Entwicklung einer Gruppe, für ihre Arbeitsfähigkeit, die Motivation und den Erfolg eines Projektes. Eine Gruppe, die Konflikte bearbeitet hat, traut sich mehr zu als die Teams und Vorstände, die dem Konflikt ständig aus dem Wege gehen. Diese Energien können jetzt fruchtbar werden.

4. Arbeitsphase
Nach einer gelungenen Konfliktphase ist es in einer Gruppe wie nach einem heftigen Sturm. Ruhe ist eingekehrt. Aufmerksamkeit ist da, und alle haben das Gelingen im Blick. Die Gruppe geht in die Arbeitsphase über. Man will am Projekt weiterarbeiten. Die Beziehungen sind vorerst so geklärt, dass keiner mehr Sorge haben muss, dass er nicht zum Zuge kommt.

Verantwortung in der Arbeitsphase
Für die Leitung ist diese Phase die angenehmste. Sie braucht sich nicht mehr so intensiv um die Beziehungen in der Gruppe zu kümmern. Die Gruppe ist jetzt vom Gefüge stabil und arbeitsfähig. Die Leitung kann jetzt die einzelnen Gruppenmitglieder gut arbeiten lassen. Ihre Aufgabe besteht darin, Arbeitsaufträge zu verteilen und die Zusammenführung der Ergebnisse zu gewährleisten, sie zu bündeln und für die Umsetzung zu sorgen. Sie muss auch den Zeitrahmen im Blick haben.

5. Auflösungsphase

Jede Gruppe hat einmal eine Sommerpause oder einen Legislaturwechsel oder ist mit einem Projekt fertig geworden. Alle stellen sich darauf ein, dass man sich eine Weile nicht sieht. Damit in dieser Zeit die Einzelnen die Arbeit hinter sich lassen können und nicht alle unerledigten Probleme mitnehmen, braucht es auch in dieser Phase die Unterstützung der Leitung. Sie muss ermöglichen, dass eine Brücke bis zum nächsten Treffen gebaut werden kann.

Verantwortung in der Auflösungsphase

Damit das Ende nicht ausfranst, ist es Aufgabe der Leitung, den Abschluss zu gestalten. Dazu gibt es verschiedene Möglichkeiten. Ein Projektabschluss kann mit einem Glas Sekt oder einer Essenseinladung gefeiert werden. Eine Gruppe, die in die Sommerpause geht, kann sich nochmal zu einer Wanderung treffen, bei einem Fest kann die Band ein letztes Stück zum Tanzen spielen. Möglichkeiten gibt es genug. Für die Leitung ist es ein Muss, den Abschluss im Blick zu haben und ihn gut zu inszenieren.

2.8 Mit Konflikten und Machtkämpfen rechnen

In der Abhandlung über den Gruppenprozess wurde schon deutlich, dass keine Arbeitsgruppe und kein Gremium um ihre Machtkampfphase herumkommen. Da diese Phase für die Leitung die schwierigste ist, braucht sie ein eigenes Kapitel.

Aber ist es denn tatsächlich so, dass man in jedem Gremium mit Konflikten rechnen muss? Ist es nicht ein schlechtes Zeichen für ein Team, ein Gremium, wenn es Konflikte braucht? Die Meinung herrscht vor, aber sie verstellt den Blick, dass es in einer Gruppe, wenn ihre Mitglieder intensiv kooperieren, zu Reibungen kommen muss. Es sind die Charakterschwächen der Einzelnen, die aufeinanderstoßen. Weiter kommt es in jeder Gruppe zu Ungleichgewichten im Machtgefüge. Deshalb durchläuft jede Gruppe ihre Konflikt- und Machtkampfphase.

Allerdings zeigen sich diese nicht immer offen. Es gibt viele Möglichkeiten, sehr subtil mit Verärgerung und Verletzungen umzugehen. Aber gerade da liegt eine Aufgabe bei der Leitung, zu verhindern, dass sich die Energien, die in Konflikten stecken, subtil im Untergrund austoben. Denn Konflikte, die nicht offen werden, behindern die Arbeit, weil sie die Kräfte der Einzelnen binden, die dann nicht mehr für die Aufgaben zur Verfügung stehen.

Warum geht es im Konflikt aber um Macht?

Es sind erst kleine Verärgerungen, die zu Unzufriedenheit und dann zu Verletzungen führen. Jemand ist unpünktlich, Arbeiten werden nicht fristgerecht erledigt. Es kommen dann Meinungsverschiedenheiten hinzu. Der eine will das Projekt so weiterentwickeln, der andere in eine andere Richtung. Einer setzt sich durch, der andere fühlt sich isoliert und sucht Verbündete. Es geht darum, wer Einfluss in der Gruppe gewinnt, wer die Macht übernehmen will, getroffene Vereinbarungen auch durchzusetzen. Es geht also in den erst verdeckt sich andeutenden und dann offen ausgetragenen Konflikten darum, ob nur Einzelne das Sagen haben und die anderen sich anpassen müssen. Denn nicht selten wird auch die Macht derjenigen eingegrenzt, die in den ersten Treffen und Sitzungen die Initiative ergriffen und ihre Ideen ins Spiel gebracht haben. Diejenigen, die ihre Interessen nicht eingebracht hatten, sondern erst einmal gewartet haben, kämpfen in der Machtkampfphase, dass auch sie in der Gruppe, im Team mitbestimmen können.

Der Machtkampf beginnt in der Regel nicht am Anfang. Nach der **Orientierungsphase** durchlaufen die Gruppen zuerst die **Strukturierungsphase**. In dieser Phase konstituiert sich die Gruppe. Es bilden sich Interessensgruppen, es gibt Einzelgänger und solche, die überall mitmischen. In dieser Phase wird in Arbeitsteams bereits gut gearbeitet. Die Zusammenarbeit mit den anderen führt die Menschen einander näher. Man lernt sich noch intensiver kennen und stellt bei einigen gemeinsame Interessen fest, während man für andere weniger Interesse aufbringt. In dieser Phase gewinnen die einzelnen Mitglieder Sicherheit in der Gruppe, weil sie spüren, dass auch andere ähnlich denken, meinen, fühlen wie sie selbst. Gleichzeitig wird in dieser Phase auch registriert, dass einige stören, weil sie sich nicht an die meist unausgesprochenen Gruppennormen halten, Eigenarten an den Tag legen, die für manche nicht erträglich sind, es sich auf Kosten der anderen gut sein lassen. Das löst Unmut aus.
Die **Machtkampfphase** ist damit schon eingeläutet. Sie tritt immer dann auf, wenn es bereits Mutige gibt, die sich trauen, die eigene Unzufriedenheit öffentlich zu benennen. Wenn es für diese Situation keine Regeln gibt, wie damit umgegangen werden soll, ist die Hürde groß, den eigenen Ärger zu benennen. Dann entwickelt die Gruppe eigene Regeln, wie sie sich von dem Unmut entlastet. Dabei ist die Gefahr groß, dass die Stärkeren das „Sagen“ haben. Der Schutz des Einzelnen ist dann nicht mehr gewährleistet.

Einzelne können ausgegrenzt werden. Mobbing ist dann nicht selten das Ergebnis, wenn es keinen sicheren Raum und keinen Schutz durch die Leitung gibt, die den Einzelnen mit seinem Ärger zu Wort kommen lässt und absichert, dass der Ärger fair bearbeitet wird.

Wie zeigt sich die Machtkampfphase?

Die Machtkampfphase eröffnen meist diejenigen in der Gruppe, die sich stark genug für den Angriff fühlen, weil sie wissen, dass andere hinter ihnen stehen. Eine große Energie ist zu spüren. Die vereinbarten Regeln aus der Anfangsphase helfen jetzt der Leitung und der Gruppe, diese Phase gut zu durchlaufen. Wenn es keine vereinbarten Regeln für den Umgang mit dieser Energie gibt, bahnt sie sich ihren eigenen Weg. Die Wege sind vielfältig. Im Untergrund wird blockiert, es wird mit anderen um die Macht rivalisiert, aber nicht offen, sondern hinten herum. Es werden Menschen mit negativen Äußerungen bedroht, es werden Komplotte geschmiedet. Es wird ständig an jemandem „rumkritisiert".

Die Machtkampfphase wird auch daran deutlich, dass die Gruppe, das Team nicht mehr fähig ist, eine Entscheidung im Konsens zu treffen. Das ist darin begründet, dass die nichtbearbeiteten zwischenmenschlichen Konflikte über die Sachinhalte ausgetragen werden. Das führt zu Rechthabereien und oft auch zu persönlichen Angriffen und weiteren Verletzungen. Das hilft jedoch für eine gute Lösung nicht weiter, denn auf der Sachebene ist der Konflikt nicht zu lösen, weil er gar nicht auf dieser Ebene stattfindet, sondern auf der Beziehungsebene.

Um in dieser Phase die Energie, die in dem Konflikt arbeitet, für die Ziele der Gruppe zu nutzen und in positive Energie zu verwandeln, braucht es Regeln, worauf man sich in Konflikten verbindlich verlassen kann. Im Konflikt ist nämlich nichts mehr verlässlich, sondern alles ist zerbrechlich. Deshalb muss der Einzelne sich auf etwas stützen können, das ihm für die Benennung des Ärgers Halt gibt und ihm die Sicherheit vermittelt, dass er/sie in der Bearbeitung des Ärgers geschützt bleibt. Die Vereinbarungen, die zu Beginn bzgl. Kooperation getroffen wurden, in der auch der Umgang mit Konflikten und Störungen festgelegt ist, bietet für alle Seiten Schutz und Sicherheit.

Konfliktmuster, die in der Machtkampfphase deutlich werden

Weshalb ist es überhaupt notwendig, dass eine Gruppe sich für die Konfliktsituation, in die sie einmal geraten wird, absichert?

Am Anfang denkt niemand daran, dass einmal eine Zeit kommen wird, in der nicht alles so glatt läuft, in der Ent-Täuschungen stattfinden, in der sich die Realität der einzelnen Charaktere mit ihren schwierigen Seiten so zeigt, wie sie ist. Für diese Situation braucht es eine verbindliche Vereinbarung, wie damit umgegangen werden soll. Denn wenn die Konflikte auftauchen, reagiert jeder mit seinem durch Erziehung erworbenen Konfliktmuster (s.Kap.3.1).

Die einen entziehen sich und verweigern die Klärung, lassen den, der etwas zu klären hat, „im Regen" stehen und mobben hintenherum den, der den Konflikt offen angesprochen hat. Die anderen prügeln verbal darauf los und verschärfen den Konflikt so, dass sich niemand mehr traut, eine Konfliktklärung anzumelden. Die nächsten gehen in die Verteidigung und Rechtfertigung, d.h. sie setzen den, der sich ärgert, ins Unrecht. Das ist möglich, weil der Konflikt-Anmelder ja auch irgendwie an dem Konflikt beteiligt ist. Andere nutzen die Gelegenheit, endlich auch mal ihren Ärger los zu werden, d.h. sie nutzen die Energie dessen, der etwas zu klären hat, und hängen sich mit ihrem zu klärenden Problem an. Wieder andere treiben ihr Spiel im Untergrund durch Hetze oder sitzen den Konflikt aus und bremsen dadurch die Energien in der Gruppe. Auch gibt es solche, die ständig kritisieren, aber nicht auf die Idee kommen, dass sie ihre Kritik im Gespräch klären müssten. Solche Kritik, die fast immer unterschwellig mit einem Angriff auf eine bestimmte Person verbunden ist, schafft ein angespanntes Klima, in dem wenig Wohlwollen herrscht. Die Treibjagd beginnt auf vielen Ebenen. Das sind meist die Verhaltensweisen, die wir uns in unseren Familien von klein auf angeeignet haben. Sie tragen selten zu konstruktiven Lösungen bei. Deshalb braucht eine Gruppe ein Geländer, einen Orientierungspunkt für Konfliktsituationen, damit nicht alle Muster unkontrolliert aufeinanderprallen und mehr zerstören als heilen. Dafür dient der Kontrakt, die Vereinbarung. Die Verbindlichkeiten müssen deshalb in „Friedenszeiten" formuliert werden, weil man sie in „Krisenzeiten" nicht mehr zustande bringt.

Außerdem braucht die Gesprächsleitung bestimmte Regeln, um den Konflikt moderieren zu können. Dann kann die Energie, die in jedem Konflikt steckt, produktiv genutzt werden. Die Konfliktmuster, die die Einzelnen mitbringen, werden in Bahnen gelenkt, so dass der Konflikt offen und fair ausgehandelt wird. Bei der Bearbeitung der Konflikte ist es ganz wichtig, dass es weder Verlierer noch Gewinner gibt. Mit der Formulierung einiger Regeln für den Umgang mit Konflikten ist die Basis für eine Konfliktkultur gelegt.

Jetzt muss nur noch gewährleistet werden, dass es jemanden gibt, der die Konflikte moderieren kann.

Um was geht es in Konflikten?

In Konflikten geht es um Existentielles, um Verletzung, Ausgrenzung, um Nichtbeachtung, um fehlende Anerkennung. Auslöser für Konflikte sind: sich verletzt, nicht beachtet, übergangen zu fühlen. Es geht um die Angst zu verlieren. Diese Angst liegt oft unter der Aggression, die wir erleben können. Es geht also um Gefühle. Dabei spielt die Sache nur eine zweitrangige Rolle. Sie ist notwendig, um den Konflikt an einem konkreten Sachverhalt zu verdeutlichen und zu verstehen, an was sich die Gefühle entzündet haben.

In einem Konflikt gibt es immer einen, der sich ärgert, der sich verletzt fühlt, dieser ist der Konflikt-Träger. Es gibt aber auch einen, auf den der Ärger gerichtet ist, er ist der Konflikt-Partner.

Wenn bei der Konfliktklärung die Sache, der Anlass für die Emotionen, im Vordergrund bleibt, dann können sich die Beteiligten Tage, Wochen, Monate darüber streiten, ob die Sache nun so stimmt, ob es tatsächlich so gelaufen ist, wie es geschildert wird. Da gibt es unterschiedliche Wahrnehmungen, die nicht zu einer Lösung führen. Werden aber die Gefühle, die die Sache beim Konfliktträger ausgelöst haben, ausgesprochen, dann muss sich der Konfliktpartner mit der Gefühlsrealität des anderen auseinandersetzen. Selbst wenn er diese nicht nachvollziehen kann, muss er akzeptieren, dass sein Verhalten bei diesem Menschen zu diesen Gefühlen geführt hat. Deshalb ist es notwendig, dass der Konfliktpartner die Gefühle versteht. Verstehen heißt aber nicht, dass er/sie die „Schuld" daran trägt, sondern verstehen heißt nur, zu akzeptieren, dass das eigene Verhalten diese Gefühle bei anderen auslösen kann. Es geht nicht um schuldig oder unschuldig, um Rechthaben oder nicht Rechthaben, um Gewinnen oder Verlieren, sondern um das Verstehen. Verstehen, dass andere anders erleben als ich selbst, dass andere anders fühlen als ich selbst, dass andere auf bestimmte Verhaltensweisen meiner Person mit Ärger reagieren können. Verstehen heißt also, die Gefühle der anderen ernst zu nehmen und anzuerkennen, dass ich mit meinen Eigenarten und meinen Verhaltensweisen andere provozieren, verletzen, enttäuschen kann. Das zeigt, dass jeder Konflikt ein großes Potential für die Entwicklung der eigenen Person beinhaltet.

Was ist das Ziel von Konfliktbearbeitung?

Da es in Konflikten um die Gefühle der Beteiligten geht, hängt die Konfliktklärung auch davon ab, ob andere meine Gefühle und damit mich ernst nehmen. Gefühle haben mit dem individuellen Erleben zu tun. Sie sind oft nicht berechenbar, selbst nicht für einen selbst. Sie sind auch nicht abwendbar. Das bedeutet, mit Konflikten müssen wir rechnen, wenn wir mit anderen Menschen eine Weile zu tun haben. Konflikte gehören zu unserem Leben und in unseren Alltag. Konflikte können wir moderieren und so bearbeiten, dass die Menschen sich versöhnen können, aber wir können sie nicht abschaffen. Deshalb kann es in der Konfliktbearbeitung nur darum gehen, dass die Menschen, die sich ineinander verhaken, verstehen lernen, durch welche Verhaltensweisen und Charaktermuster sie zu dieser Verhakung beitragen. Wenn sie ihren Anteil erkennen, können sie das Potential zukünftiger Verärgerung minimieren. Zu den Verhakungen tragen übrigens beide Seiten etwas bei,

d.h. meist ist jeder mit einem Teil seiner Person in den Konflikt verstrickt. Deshalb kann es auch nicht darum gehen, dass es einen Sieger oder Verlierer, einen Schuldigen oder Unschuldigen gibt. Die Moderation muss deshalb darauf achten, dass die Anteile beider am Konflikt herausgearbeitet werden. Da in Konflikten meist beide Seiten einen Anteil am Konflikt haben, ist es auch verständlich, dass Konflikte nicht einfach lösbar sind. Sicher werden die Konfliktpartner wieder vor ähnlichen Situationen stehen und sich mit ihren besonderen Eigenheiten verhaken. Ist jedoch ein Konflikt bearbeitet und sind Vereinbarungen getroffen, haben beide eine neue Ausgangssituation und können vielleicht geschmeidiger mit dem nächsten Konfliktfall umgehen.
Konfliktbearbeitung ist Friedensarbeit, nämlich die Bedingungen zu schaffen, in denen Menschen mehr voneinander verstehen, besser miteinander auskommen, sich gegenseitig ernst nehmen und wertschätzen und dabei die Eigenarten des anderen besser ertragen.
Eine Gruppe, der es gelingt, die Konflikt- und Machtkampfphase zu überwinden, hat einen Beitrag zur Verständigung, zum Frieden, zur Versöhnung geleistet. Sie hat erfahren, dass sie in Grenzsituationen auf eine Kraft vertrauen kann, die nicht zerstört, sondern verbindet. Eine solche Gruppe spürt einen neuen Geist und eine größere Nähe und Sicherheit untereinander.
Konflikte sind Kontingenzerfahrungen, d.h. sie konfrontieren uns mit der Enge unseres Charakters, aus der niemand so leicht aussteigen kann. Zudem kann niemand wissen, wie es ausgehen wird. Wenn wir mit unseren Grenzen konfrontiert werden, sind wir immer auch mit den Grenzen des anderen konfrontiert und befinden uns auf sehr unsicherem Gelände. Wir haben es nicht in der Hand, ob der

andere im Konflikt mir gegenüber Wohlwollen zeigt oder ob er mich „tötet“. Wir sind ihm ausgeliefert. Dieses Ausgeliefertsein setzt Vertrauen in den anderen voraus. Deshalb können wir auch fragen: Welche spirituelle Dimension liegt in Konflikten? Was bedeuten Konflikte und worauf machen sie uns aufmerksam?

Die spirituelle Dimension von Konflikten

Im Konflikt nehmen wir die weniger angenehmen Seiten des anderen in den Blick und werden auch selbst mit den Engführungen unseres Charakters konfrontiert. Die Auseinandersetzung mit eigenen negativen Anteilen in uns wie auch mit den Verletzungen, die uns zugefügt werden, ist Bestandteil der Praxis aller Religionen. In der Tradition christlicher Spiritualität wird das in Bezug auf den Einzelnen gesehen. Es gibt verschiedene Angebote, mit den eigenen negativen Anteilen in ein versöhnlicheres Verhältnis zu treten. Wir kennen Versöhnungsrituale sowie die Buß- und Beichtpraxis. Sie helfen uns dabei, nicht an unseren menschlichen Grenzen zu verzweifeln.

Wer sich mit Versagen und Scheitern, mit den eigenen schlechten Gewohnheiten auseinandersetzt, stellt sich der Realität der eigenen Person, denn wir sind im Innersten nicht nur gut und liebevoll, wie wir uns gerne sähen, sondern wir kennen auch Eifersucht, Neid, Hass, Geiz, Stolz, Lüge oder Überheblichkeit.

Eine wirkliche Annahme unserer Person mit unseren charakterlichen Engführungen, wie auch des anderen mit seinen Begrenztheiten, ist deshalb nur möglich, wenn wir uns wirklich mit den negativen Seiten auseinandersetzen. Konflikte ermöglichen diese Auseinandersetzung mit den zerstörerischen Anteilen in uns und anderen.

Konflikte erfordern von allen Beteiligten Mut, sich auf den anderen einzulassen, bzw. sich dem anderen mit seiner Verletzung, seiner Wunde zu stellen. Dabei ist es ungewiss, wie wir aus dem Konflikt herauskommen. Es braucht Vertrauensvorschuss für den anderen, denn er kann mich noch mehr verletzen.

In Konflikten erleben wir, dass wir uns heftig aneinander reiben. Trotz der negativen Gefühle gibt es Nähe und Interesse aneinander. Denn wir würden uns nicht die Mühe machen, einen Konflikt zu bearbeiten, wenn uns nichts am anderen läge. Wenn wir den anderen schon „abgeschrieben" haben, berührt er uns nicht mehr, dann ist er uns gleichgültig. Konflikten auszuweichen, heißt damit auch, die Realität auszublenden und so zu tun, als gäbe es keine „bösen" Seiten in uns und im anderen. Tatsächlich finden wir uns selbst und die anderen aber nicht so vor und sind deshalb zur Oberflächlichkeit in den Beziehungen verdammt, wenn wir den Konflikten ständig ausweichen. Der gelungene Durchgang durch die Konfliktphase bringt den Umschwung, den anderen und auch mich selbst als fehlerhaft und begrenzt zu erkennen und gleichzeitig die Erfahrung zu machen, trotzdem nicht ausgegrenzt zu werden, bzw. selbst den anderen nicht ausgrenzen zu müssen. Wir können auch sagen, dass es eine Demutserfahrung ist. Gelingt dieser Durchgang nicht, weil sich der Konfliktpartner der Klärung entzieht oder der Konfliktträger seinen Ärger gar nicht erst anspricht, ist man schon auf Distanz zueinander gegangen und hat das Interesse am anderen reduziert, bzw. einen lebenslangen Krieg erklärt.

Deshalb kann die gelungene Konfliktbearbeitung als eine Wiedergeburt erlebt werden. Zugleich entlässt sie die Konfliktpartner mit einem größeren Realitätssinn. Denn man rechnet damit, dass der andere die gleichen Fehler wiederholt, sich wieder als schwierig, unverständlich, mit seinen Rückzugstendenzen, seinem Redeschwall oder was auch immer zeigen wird und auch wir manches nicht einfach von jetzt auf gleich aus unserem Verhalten verbannen können. Gleiches wird sich wiederholen. Wird der Konflikt fair bearbeitet, führt er zu mehr Akzeptanz, mehr Wohlwollen für die eigene Fehlerhaftigkeit und die des anderen.

In der Konfliktarbeit steckt Entwicklungspotential für beide Seiten, denn in Konflikten erleben wir den anderen als Spiegel für uns und unser Verhalten. Diese Möglichkeit wird uns nicht so oft im Leben geboten, deshalb könnten wir denen gegenüber, die mit uns in eine Konfliktbearbeitung einsteigen, eigentlich dankbar sein. Sie verhelfen uns, eine Stufe weiter in der Entwicklung unserer Persönlichkeit zu kommen.

Weil wir nicht von unseren Unvollkommenheiten einfach so befreit werden, bleibt die Auseinandersetzung mit der eigenen Fehlerhaftigkeit und der der anderen eine lebenslange Aufgabe. Der Umgang mit der Begrenzung, der Kontingenz ist aber gerade das Unaufgebbare einer spirituellen Praxis. Soll das Religiöse wirksam werden, bedarf es nicht nur einer religiösen Theorie, sondern einer „Kultur des Umgangs mit dem Unverfügbaren“, die gerade die spezifische gesellschaftliche Leistung der Religion darstellt.

Regeln für die Konfliktklärung

Das Ziel einer Konfliktklärung ist das Verstehen. Konflikte können wir nicht aus der Welt schaffen, aber wir können verstehen lernen, weshalb das eigene Verhalten bei anderen Menschen bedrohlich, ärgerlich, entwürdigend, anmaßend, verletzend erlebt wird. Erst wenn wir verstehen, weshalb das eigene Verhalten beim anderen zu Angst und Verletzung führt, können wir verändertes Verhalten in uns entwickeln. Da das aber eine lebenslange Aufgabe ist und Wille, Zeit und Einübung benötigt, ist es notwendig, dass die Konfliktbeteiligten mit ähnlichen Situationen wieder rechnen müssen. Deshalb ist nach der Phase des Verstehens und der Anerkennung des eigenen Anteils am Konflikt noch ein weiterer Schritt sinnvoll: Eine überprüfbare Vereinbarung zu treffen, wie man in zukünftigen Situationen das Aufeinanderprallen abfedert.

Für die Moderation von Konflikten gibt es einige Bedingungen und Regeln:

- Die am Konflikt Beteiligten müssen die Konfliktklärung wollen.
- Der Konfliktträger ist der, der den Konflikt anmeldet, er hat zuerst Rederecht.
- Der andere ist der Konfliktpartner. Wenn dieser auch etwas zu klären hat, folgt die Klärung erst, nachdem das erste Konfliktgespräch abgeschlossen ist. Sonst laufen zwei Konfliktklärungen gegeneinander. Das überfordert jede Moderation.
- In der Konfliktklärung geht es um die Gefühle. Die Sache, das, was passiert ist, dient nur dazu, die Gefühle an diesem konkreten Anlass zu verdeutlichen.
- Die Moderation muss mit Zuhören und Verbalisieren den Konflikt, d.h. die Sache und die damit verbundenen Gefühle des Konfliktträgers, erfragen und verstehen. Erst wenn die Moderation selbst verstanden hat, kann sie den Konfliktpartner um sein Verstehen anfragen.

- Die Moderation muss solange beim Konfliktpartner nachfragen, bis dieser anfängt zu verstehen. Das gelingt ihr mit der Rückfrage: Was kannst Du verstehen, was ist Dir noch unverständlich, wie es zur Verärgerung, Enttäuschung bei dem anderen gekommen ist? Erst wenn der Konfliktpartner die Gefühle des Konfliktträgers verstehen kann, können beide nach eigenen Anteilen an dem Konflikt suchen.
- Sind die Anteile benannt, werden überprüfbare Vereinbarungen getroffen, wie in Zukunft mit ähnlichen Situationen besser umgegangen wird.

Die Schritte der Konfliktmoderation sind in Kap. 2.6 dargestellt.

Die Leitung wird getestet

In der Machtkampfphase steht häufig die Leitung als erste auf dem Prüfstand. An ihr testen die Gruppenmitglieder, ob sie in der Lage ist, mit Angriffen oder Unzufriedenheit aus der Gruppe fair umzugehen, und ob sie den Konflikt neutral moderieren kann. Für die Leitung bedeutet das, dass sie, sobald sich die Gruppe strukturiert hat, damit rechnen muss, dass Unzufriedenheit ihr gegenüber geäußert wird. Einzelne in der Gruppe fühlen sich jetzt stark genug, den Unmut der Leitung gegenüber anzumelden. Sie fühlen sich auch deshalb stark, weil sie wissen, dass ein Teil der Gruppe hinter ihnen steht und mehrere das Problem, das sie ansprechen, beschäftigt. Deshalb ist es für die Leitung auch wichtig, dass sie den Konflikt nicht außerhalb der Gruppe mit dem einen, der den Unmut vorbringt, klärt, sondern dass die Gruppe als Ganzes bei der Klärung dabei ist. Schafft sie die Konfliktklärung, können sich die Gruppenmitglieder auch trauen, das zu klären, was sie mit anderen zu klären haben. Denn der Machtkampf in der Konfliktphase findet ja, wie wir wissen, nicht nur mit der Leitung statt, sondern auch zwischen den Gruppenmitgliedern selbst.

Rausschmiss oder Weggehen sind keine Lösungen

Eine Gruppe, die sich von einem „störenden" Mitglied trennt und es aus der Gruppe hinausdrängt, ohne den Konflikt zu bearbeiten, löst den Konflikt nicht. Im Gegenteil, der Platz, der frei wird, wird unmittelbar nach dem Verlassen wieder neu besetzt. Das liegt daran, dass die Gruppe sich nicht um eine einvernehmliche Lösung bemüht hat, sondern dass es einen Verlierer gibt. Diese Ungerechtigkeit muss irgendjemand in der Gruppe geraderücken. Dieser besetzt den Platz neu. Das kann sich über viele Jahre solange wiederholen, bis es endlich einmal aufgearbeitet wird. Rausschmiss aus einer Gruppe, ob „berechtigt" oder nicht, löst den Konflikt nicht. Ebenfalls ist es keine Lösung, wenn ein Gruppenmitglied im Konflikt die Gruppe einfach verlässt, ohne zu klären, was zu dem Verlassen beigetragen hat. Das Gruppenmitglied nimmt seine nicht bearbeiteten Emotionen am Konflikt mit in die nächste Situation und wird sein Konfliktmuster dort wieder durchspielen. Gleichzeitig hinterlässt derjenige, der geht, Ohnmachtsgefühle bei den anderen. In einem solchen Fall muss der Weggang allerdings ohne den Beteiligten aufgearbeitet werden, damit sich die Gefühle wieder ordnen, jeder seinen eigenen Anteil besser erkennen kann und die Gruppe wieder arbeitsfähig ist. In Konfliktgesprächen kann es nicht um eine endgültige Lösung eines Konflikts gehen, sondern nur darum, dass sich die Menschen in ihrer Unterschiedlichkeit verstehen lernen und Vereinbarungen treffen, wie sie ähnliche Situationen besser meistern können. Da kann es auch schon einmal vorkommen, dass jemand nach längerer Klärung die Konsequenzen zieht und aus der Gruppe geht, weil die Unterschiede vielleicht zu groß sind, die Wertvorstellungen soweit auseinander liegen, dass etwas Gemeinsames nicht mehr möglich ist, die Erwartungen zu hoch waren, die Vorstellungen der Realität nicht entsprechen. Aber dieser Schritt sollte erst nach gründlicher Klärung und Aussprache getan werden. Dann kann auch jemand versöhnt gehen.

Aufbau einer Konfliktkultur

Damit sich eine Konfliktkultur aufbauen kann, braucht es für den Einzelnen Orientierung darüber, wann und wo man im geschützten Raum über das reden kann, was einem nicht passt. Deshalb ist es hilfreich, wenn die Leitung dafür sorgt, dass es Zeiten gibt, in denen die Stimmung der Gruppenmitglieder Thema werden kann. Richtet die Leitung keinen solchen zeitlichen Raum ein, steigt der Druck der Einzelnen, und die Missstimmungen entlasten sich dann hinten herum. Es entsteht ein Dschungel von Verdächtigungen, Verleugnungen und Ärgernissen, der schwer zu durchschauen ist. Um der Stimmung in einem Gremium, einer Gruppe Raum zu geben, eignet sich das einfache Blitzlicht.

Das Blitzlicht ermöglicht Orientierung über die Stimmung in der Gruppe

Das Blitzlicht als Stimmungsbild ist eine Methode für den Beginn und den Schluss von Sitzungen, Arbeitsgesprächen, Gruppentreffen. Es ermöglicht eine Bestandsaufnahme der Stimmung der Einzelnen in der Gruppe. Die Leitung kann sich orientieren, wie es jedem geht, und die Einzelnen können im Blitzlicht anmelden, wenn sie noch etwas zu klären haben. Das Blitzlicht sichert ab, dass jeder in der Gruppe die Verantwortung für seine Stimmung übernimmt und, wenn es etwas zu klären gibt, auch eigenverantwortlich damit umgehen muss. Im Blitzlicht redet jeder nur von sich, seiner Stimmung, seinen Gefühlen. Jeder hat den Raum, wenn er noch etwas ansprechen will. Das Blitzlicht nimmt jeden Einzelnen in seiner Situation ernst, in dem was er oder sie über sich sagen. Wichtig ist, dass im Blitzlicht die Aussage eines anderen nicht kommentiert werden darf. Das führt sofort zu Spannungen. Das setzt voraus, dass jeder nur über sich selbst spricht.

Das Blitzlicht sollte in die Tagesordnung von Sitzungen und Treffen als etwas Selbstverständliches implementiert werden. Das erleichtert jedem, sich möglichst schnell von ärgerlichem Ballast zu entlasten, weil es durch die Methode ausdrücklich „erlaubt" ist.

Beim Blitzlicht ist es jedoch wichtig, dass die Konfliktklärung nicht schon in der Blitzlichtrunde geschieht, sondern erst, wenn alle Beteiligten von sich und ihrer Stimmung etwas gesagt haben. Denn würde die Störung, die im Blitzlicht zur Klärung angemeldet wurde, sofort aufgegriffen und bearbeitet, gäbe es für die Beiträge der anderen kein Interesse mehr.

Wie häufig muss die Leitung mit Konflikten rechnen?

Eine Gruppe, die viele Jahre miteinander zu tun hat, wie das in Vorständen, Vereinen und Projektteams der Fall ist, kommt nicht nur einmal in einen Konflikt. Die Leitung muss schon damit rechnen, dass immer mal wieder Konflikte aufflackern und kleinere Konfliktphasen durchlaufen werden. Die Phasen des Gruppenprozesses wiederholen sich in den Jahren, deshalb wiederholt sich auch die Konfliktphase. Eine Gruppe aber, die erfährt, dass Konflikte angesprochen und geklärt werden, durchläuft die nächste Konfliktsituation meist sehr viel ruhiger, weil sie schon besser einschätzen und verstehen kann, was der Konflikt bedeutet. Der Einzelne entwickelt auch zunehmend mehr Vertrauen in die Belastbarkeit der Gruppenmitglieder. Das ist beruhigend, denn eine Gruppe, in der es eine Konfliktkultur gibt, bricht nicht so schnell auseinander.

Zusammenfassung

Die Machtkampfphase braucht die höchste Aufmerksamkeit der Leitung. Denn im Konflikt geht es darum, mit den eigenen charakterlichen Engführungen und denen der anderen konfrontiert zu sein und an die Grenzen des Machbaren zu stoßen. Es geht um Werte und Normen in der Gruppe und darum, ob jeder seinen Platz in dieser Gruppe einnehmen oder behalten kann. Es ist eine sehr kritische Phase, in der alles offen ist und niemand sagen kann, wie die Gruppe mit der Machtkampfphase fertig wird. Vertrauensvorschuss in die anderen Gruppenmitglieder erleichtert den Angang, die Konflikte zu klären. Wichtig ist, dass bereits in der Orientierungsphase, in der die Beziehungen aufgebaut werden, eine Vereinbarung darüber getroffen wird, wie mit angemeldeten Konflikten und Störungen umgegangen wird. Treten in der Macht kampfphase die Konflikte an die Oberfläche, muss die Leitung die Konflikte aufgreifen und moderieren bzw. dafür sorgen, dass jemand von außen die Konflikte in der Gruppe bearbeitet.

3. Die eigene Persönlichkeit entwickeln

3.1 Eigene Stärken und Schwächen einschätzen

Das Ehrenamt fordert, es ist selten ein Spaziergang, sondern eher einer Wallfahrt vergleichbar, auf der man seinen Rucksack auch selber tragen muss. Aber wer sich nach Santiago auf den Weg gemacht hat, kommt anders an, als er aufgebrochen ist. Welche Chancen für die Entwicklung der eigenen Persönlichkeit im Ehrenamt bestehen, soll anhand einiger Themen aufgezeigt werden.

Bei der Entscheidung, ob wir ein Ehrenamt oder sogar ein Leitungsamt übernehmen, beschäftigt uns auch immer die Frage: „Bin ich eigentlich die richtige Person für die Aufgabe?"

Wenn wir uns diese Frage stellen, gehen wir davon aus, dass es einen optimalen Leitungstyp gibt. Aber es gibt so viele unterschiedliche Leitungspersönlichkeiten, dass uns niemand sagen kann, wie eine „richtige" Leitungspersönlichkeit sein soll. Das Einzige, was für alle gilt, sind die Kompetenzen, über die jede Leitung verfügen sollte. Aber ob die eigene Persönlichkeit mit ihrer individuellen Ausstrahlung, mit den Eigenarten und Begabungen für die Übernahme von Leitungsaufgaben geeignet ist, dafür gibt es keine besonderen Kriterien.

Beobachten können wir allerdings, dass es verschiedene Leitungsstile und Leitungs-Charaktere gibt, die dann auch unterschiedlich wirken. Wir selbst spüren ja auch, dass wir mit manchen Leitern oder Leiterinnen besser klar kommen als mit anderen.

Wenn wir selbst die Leitung haben, merken wir auch, dass einige in den Gremien sich von uns leichter leiten lassen als andere. Wir merken, dass wir mit manchen besser zurecht-

kommen als mit anderen. Es ist gut zu wissen, dass wir nicht für jeden den optimalen Leitungstyp repräsentieren können. Das entlastet.
Woran liegt es, dass die einen mit meinem Leitungsverhalten besser klar kommen als andere?
Eine Erklärung können wir in den verschiedenen Typologien finden. Nach unseren Erfahrungen ist das Enneagramm besonders aussagefähig. Es beschreibt neun Charaktermuster mit ihren besonderen Qualitäten und ihren Engführungen. Alle kommen in Leitung vor. Vereine, Gruppen und Gremien können mit den verschiedenartigen Leitungstypen unterschiedliche Qualitäten erleben und jeweils bestimmte Werte akzentuieren.

Im Folgenden sind die einzelnen Charaktertypen mit ihren spezifischen Qualitäten und Fallen beschrieben. Da diese Charaktermuster selten in „Reinform“ vorkommen und unterschiedliche Entwicklungen die jeweiligen Ausprägungen bestimmen, können diese Beschreibungen nicht den Anspruch erheben, dem Einzelnen gerecht zu werden.

Perfektionisten

Ihre Qualität in Leitung:
Perfektionisten leiten gerne und fühlen sich verantwortlich dafür, dass in den Bereichen, in denen sie leiten, möglichst alles „perfekt“ organisiert ist, Abläufe richtig gestaltet sind, Ordnung im Umfeld herrscht, möglichst wenig Fehler passieren und Fehlerquellen umgehend ausgeräumt werden. Bei Schwierigkeiten und Widerständen entwickeln sie ihre besondere Stärke. Sie sehen die Probleme, die zur Entschei-

dung gebracht werden müssen. In der konkreten Entscheidungssituation allerdings bringen sie gerne Vorbehalte ins Spiel. Das hat den Vorteil, dass Perfektionisten nicht so schnell unbedacht Entscheidungen unterstützen, sie tun sich aber auch schwer, unbefangen auf neue Lösungen zuzugehen.

Nachteile und Risiken:
Perfektionisten sehen, was nicht in Ordnung ist. Sie schätzen gut ab, ob eine Lösung neue Nachteile mit sich bringt, und brauchen deshalb lange, bis sie einer Entscheidung zustimmen können. Dieser Gedankenprozess benötigt wertvolle Zeit und verhindert, dass gute Ideen schnell umgesetzt werden. Gremienmitglieder erleben die perfektionistische Leitung als sorgfältig, genau, manchmal streng und, weil alles so perfekt sein muss, auch umständlich. Für gute Ideen ist diese Leitung offen. Allerdings müssen diejenigen, die sie einbringen, damit rechnen, dass ihr Vorschlag erst einmal den Kritikfilter des Perfektionisten durchlaufen muss. Das kann ziemlich demotivieren, weil nicht erkennbar ist, dass sich die Leitung trotz ihrer Vorbehalte produktiv mit dem Vorschlag auseinandersetzt. Perfektionisten müssen besonders dann ihre Vorbehalte ins Spiel bringen, wenn sie den Eindruck gewinnen, dass andere, die sich mit den Vorhaben befassen, die Probleme nicht genügend durchdacht haben.

Helfer:

Ihre Qualität in Leitung
Helfer sorgen dafür, dass es möglichst allen gut geht. Sie spüren, wenn in der Gruppe die Stimmung absinkt, und

befürchten dann, dass die Qualität der Arbeit leidet. Sie reagieren darauf, indem sie die Atmosphäre beeinflussen. Sie haben die emotionale Qualität im Blick, weil es für sie selbst auch wichtig ist, in einer warmen Atmosphäre zu arbeiten. Bei der Entscheidung über neue Projekte und über deren Vorgehensweise ist immer auch im Blick, wie hilfreich dieses Projekt und die Art der Durchführung für die Atmosphäre und die Zusammenarbeit im Team ist.

Nachteile und Risiken

Helfer haben Schwierigkeiten, Entscheidungen voranzutreiben, wenn sie Gegenwind spüren. Sie glauben nicht an den Erfolg der Umsetzung, wenn nicht alle der Entscheidung zustimmen können. Sie trauen ihrem eigenen Durchhaltevermögen nur, wenn sie entsprechende Unterstützung und Rückendeckung spüren. Sie wollen Zögernde nicht verletzen und nicht aus der Gemeinschaft ausgrenzen, weil damit die Atmosphäre der Zusammenarbeit beeinträchtigt werden könnte. Gruppenmitglieder erleben eine helfende Leitung emotional präsent und versorgend. Projektorientierte Mitglieder der Gruppe können diese Fürsorge als lästig, bzw. übergriffig, zu nah und zu mächtig erleben. Sie müssen sich davon abgrenzen.

Erfolgreiche

Ihre Qualität in Leitung

Erfolgreiche nehmen ihre Leitung aktiv in die Hand. Sie haben eine gute Intuition dafür, was die Gruppe entscheiden muss, um erfolgreich zu sein. Sie unterstützen Entscheidungen, wenn sie im Trend liegen, wenn sie „in“ sind und Erfolg versprechen. Ihr „siebter“ Sinn für erfolgreiche

Unternehmungen macht diesen Charaktertypen entscheidungsfreudig.

Nachteile und Risiken

Nicht immer haben sie die Werte des Leitbildes im Blick, da ihr Entscheidungskriterium die Erfolgsperspektive ist. Sie warten nicht lange ab, weil in ihrer Wahrnehmung der Erfolg einer Aktion durch Zögern gefährdet werden könnte. Deshalb machen sie auch manchmal den Gremien Zeitdruck. Da die Erfolgreichen die Werte nicht immer berücksichtigen, sondern punktuell den Trends folgen, sind für die Gruppenmitglieder „Erfolgreiche“ wenig einschätzbar.

Die Sanften, die Besonderen

Ihre Qualität in Leitung:

Die Begabungen in diesem Charaktermuster sind die Nähe und das Einfühlungsvermögen in tiefe menschliche Vorgänge, Verletzungen und Schwierigkeiten. Sie haben die Fähigkeit, diesen Begabungen durch künstlerische Gestaltung Ausdruck zu verleihen. Sie sind gut für die Begleitung von einzelnen Menschen in schwierigen Lebenssituationen disponiert. Sanfte leiten eher selten, verlieren sich leicht in einer Gruppe und können abtauchen, so dass andere aufgefordert sind, Leitung zu übernehmen. Ihre Qualität besteht darin, Einzelne zu leiten bzw. zu begleiten.

Nachteile und Risiken

In Entscheidungssituationen hat dieser Charaktertyp Schwierigkeiten, weil jede Entscheidung etwas festlegt. Diese Festlegung jedoch widerspricht dem besonderen Anspruch nach Ungewöhnlichem. Sie fürchten die Gewöhnlichkeit, weil eine Entscheidung Konsequenzen nach sich zieht, die zu einem guten Teil in kleinen „gewöhnlichen" Handlungen und Schritten umgesetzt werden müssen. Gruppenmitglieder erleben mit einer „besonderen" Leitung oftmals viele Ambivalenzen. Entscheidungen, die heute getroffen sind, können morgen schon wieder in Frage stehen.

Wissende

Ihre Qualität in Leitung

Wissende in Leitung bringen die Begabung und das Interesse mit, Informationen zu sammeln, zu vermehren und zu verwalten. Die Aufnahmekapazitäten für Informationen sind gut ausgebildet, und Wissende können zu vielen Beiträgen etwas hinzufügen.

Nachteile und Risiken

In Entscheidungssituationen fühlen sie sich sehr unter Druck, weil aus ihrer Weltsicht heraus Entscheidungen erst dann getroffen werden können, wenn das Wissen zur Entscheidung ausreicht. Da die „Wissenden" meist den Eindruck haben, noch nicht über alle notwendigen Informationen für eine solide Entscheidung zu verfügen, brauchen sie lange, bis sie einer Entscheidung zustimmen.
Gruppenmitglieder erleben diese Leitung eher distanziert, oft fehlt ihnen Transparenz und Orientierung über das, was die Leitung will. Die Entscheidungsschwierigkeiten dieser Leitung können zu Unmut und Motivationsverlust in der Gruppe führen.

Loyale

Ihre Qualität in Leitung
Loyale bringen die Fähigkeiten und Begabungen mit, im Sinne des Leitbildes zu leiten. Sorgfalt, Einfühlungsvermögen und Beständigkeit sind Tugenden der „loyalen Leitung“. Sie können Entscheidungen gut unterstützen, wenn von oben die Richtung klar und deutlich ist.

Nachteile und Risiken
Sie geraten schnell in eine Zwickmühle, wenn ihnen Entscheidungskriterien fehlen. Um aktiv zu werden und gut leiten zu können, brauchen Loyale eine vorgegebene Richtung, an der sie sich orientieren können. Sie trauen ihren eigenen Fähigkeiten nicht genügend zu. Fehlen diese Orientierungshilfen für Loyale, ist die Gefahr groß, dass sie ihre Begabungen nicht in Handlungen umsetzen. Gruppenmitglieder erleben eine solche Leitung als zuverlässig, häufig als angepasst und manchmal zu wenig innovativ. Neue und vielleicht riskante Ideen sind mit einer loyalen Leitung schwer umzusetzen, wenn diese nicht ausdrücklich „von oben“ abgesegnet sind.

Unterhaltsame

Ihre Qualität in Leitung
Unterhaltsame integrieren Leichtigkeit, Gags und Witz in ihren Leitungsstil. Sie können verbissene und verfahrene Situationen auflockern. Sie wissen, wie sie sich in Leitung inszenieren müssen, um die Sympathien zu gewinnen. Unterhaltsame leiten gerne, solange es nicht schwierig wird.

Nachteile und Risiken
In Entscheidungssituationen haben sie es manchmal schwer, weil jede Entscheidung bestimmte Interessen bevorzugt und andere zurückstellen muss. Da sie es sich mit niemandem verderben wollen, halten sie lieber verschiedene Eisen im Feuer und lassen die Entscheidung offen. Das führt dazu, dass wichtige Entscheidungen bei unterhaltsamen Leitungen nicht getroffen werden. Gruppenmitglieder erleben eine unterhaltsame Leitung als auflockernd und leicht, vermissen aber manchmal den roten Faden und die Konsequenzen. In manchen Situationen wird die lockere Art der Leitung als Missachtung erlebt, und der fehlende Ernst kann Ärger verursachen.

Einflussreiche

Ihre Qualität in Leitung
Einflussreiche fühlen sich stark und sind an der Entwicklung und Umsetzung der Projekte orientiert. Sie haben immer Ideen und mehrere Projekte gleichzeitig im Spiel. Sie treiben Entscheidungen voran und fühlen sich dafür auch zuständig.

Nachteile und Risiken
Einflussreiche berücksichtigen in ihrer Vorgehensweise zu wenig, dass die Gruppenmitglieder gedanklich noch nicht eingeklinkt sind. Einflussreiche werden dann als ungeduldig erlebt und tun, was aus ihrer Sicht getan werden muss, ohne Rücksicht auf die anderen zu nehmen.
Für Gruppenmitglieder ist nicht immer transparent, was die Einflussreichen gerade innerlich beschäftigt und welche Entscheidungen als nächstes getroffen werden oder schon

getroffen sind. Sie werden selten in den Gedankenprozess der Einflussreichen einbezogen, sondern meist erst mit dem Ergebnis konfrontiert. Das verhindert, dass die Gruppenmitglieder motiviert an der Realisierung von Projekten mitarbeiten können oder wollen. Dann müssen die Einflusseichen meist die Energie und Aktivität, die zur Umsetzung der Entscheidung notwendig ist, alleine aufbringen.

Friedfertige

Ihre Qualität in Leitung

Friedfertige bringen das ausgleichende Element ein. Sie können jeden verstehen und möchten möglichst wenig Unruhe um sich herum. Sie geben sich Mühe, eine friedvolle Stimmung auszustrahlen, und treffen selten eine konsequente und verbindliche Entscheidung.

Nachteile und Risiken

Weil sie jeden verstehen können und weil sie durch ihre Friedfertigkeit Konflikten aus dem Wege gehen, zögern sie bei Entscheidungen. Das führt dazu, dass sie dem zustimmen, der zuletzt gehört wurde. Das verlangsamt den Entscheidungsprozess und führt zu einer etwas trägen Ausstrahlung in den Gremien. Für Gruppenmitglieder ist es schwer, sich auf die Entscheidungen der Friedfertigen zu verlassen, da diese leicht bereit sind, eine getroffene Entscheidung um des lieben Friedens willen wieder umzustoßen. Verlässlichkeit in Entscheidungen vermitteln die Friedfertigen auch deshalb nicht, weil neue Entscheidungen oft konkrete, früher getroffene Entscheidungen umstoßen und nicht ersichtlich ist, auf welchem Hintergrund die neuen Entscheidungen getroffen werden. Man vermisst die stringente Orientierung an der Unternehmensphilosophie. Das kann zu Unmut führen.

Mit der Beschreibung der verschiedenen Charaktermuster haben wir einen ersten Überblick darüber, wie vielfältig die Qualitäten und Fallen sind, in die eine Leitung geraten kann. Beruhigend dabei ist, dass wir nicht in alle Schwierigkeiten geraten, sondern nur in die, die unserem Charaktermuster entsprechen. An diesen Schwierigkeiten entzünden sich allerdings die Konflikte, die die Gruppenmitglieder mit der Leitung in der Machtkampfphase aushandeln.

Damit wir uns noch mehr in die innere Dynamik der Charaktere einfühlen können, werden die neun Muster in der Vorbereitung zum Pfarrfest beschrieben. Sie sind etwas zugespitzt, so dass die besondere Eigenart deutlich erkennbar wird. Auch handelt es sich um eine allgemeine Typologie, die nie der Einzigartigkeit des Einzelnen gerecht werden kann. Zugleich wird aber deutlich, dass jede jeder durch ihr/sein Charaktermuster bestimmte Qualitäten einbringt. Verbinden diese sich konstruktiv mit denen der anderen, wird ein Projekt erst rund. Das wird im Folgenden an einem Festausschuss aufgezeigt.

3.2 Pfarrfest in St. Thomas

Eine Geschichte zu den neun Charaktermustern

Wir besuchen den Festausschuss des Pfarrgemeinderates der Gemeinde St. Thomas. Grundsätzlich arbeiten alle gut zusammen. Zur Zeit wird das Pfarrfest geplant. Aber wie das in Gremien so ist, knistert und kriselt es mal hier und da.

1. Herr Dalke („Perfektionist", kritisch, streng mit sich und anderen)

? Herr Dalke, Sie sind ja der Vorsitzende dieses PGR`s. Was ist Ihnen denn wichtig beim Pfarrfest?

Das ist eine gute Frage. Wissen Sie, ich versuche ja alles sehr genau und perfekt vorzubereiten und auch durchzuführen. Wenn ich schon das Amt des Vorsitzenden übernehme, dann möchte ich es auch so gut wie eben möglich machen. Und ich wünschte mir, dass dieses Gremium bald auf einem besseren Arbeitsniveau ankommt. Sehen Sie mal, hier ist der Ablaufplan für das Pfarrfest. Den hatte Herr Funke (Friedfertiger) schon vorbereitet. Aber da waren noch so viele Lücken und Dinge, die nicht bedacht waren. Leider war das noch keine gute Planung, da fehlten entscheidende Dinge. Ich habe das dann nochmal überarbeitet.

Schauen Sie mal, jetzt ist jeder Stand aufgeführt, und die entsprechenden Aufgaben sind zugeordnet. Auf der letzten Seite des Plans finden Sie eine genaue Aufstellung der anfallenden Kosten und der Anzahl der Helfer und...

? (bewundernd) Herr Dalke, das ist ja perfekt durchdacht. Da sind die anderen aber froh, dass Sie das so genau durchdenken. Das entlastet doch sehr, oder?

Eigentlich ja. Aber wissen Sie, das wird hier nicht von allen so gesehen. Ich bekomme oft die Kritik, ich sei zu perfektionistisch und zu streng mit meinen Vorgaben und Forderungen und würde Druck machen. Ich hätte an allem nochmal etwas herumzunörgeln. Wir sind aber doch alle für ein wichtiges Amt gewählt, und dann möchte ich auch einen bestimmten Standard.

2. Frau Engel („Helfer“, fühlt sich dafür verantwortlich, dass alle gut versorgt sind)

? Hallo Frau Engel. Wie sehen Sie das denn mit dem Pfarrfest?

Ach das Pfarrfest... wissen Sie, es ist doch am schönsten, wenn alle Gemeindemitglieder sich richtig wohl fühlen, wenn's leckere Sachen zu essen und zu trinken gibt, wenn man sich gemütlich zusammensetzen und erzählen kann... Deswegen habe ich auch schon Herrn Dalke gesagt, dass wir als Ehrenamtliche mit gutem Beispiel vorangehen müssen und selbst viel mitbringen sollten. Wir sollten auch durch unser Engagement an den verschiedenen Ständen ein leuchtendes Vorbild abgeben, dass deutlich wird: „Die Pfarrgemeinde lebt nur durch viele tüchtige Helfer!“ Wir wollen doch auch den Pfarrer unterstützen, damit mehr Leute in die Kirche kommen.

? Das hört sich sehr engagiert an. Wie schaffen Sie das denn?

Ja, das ist eine ziemliche Schufterei. Ich habe mich schon für drei Salate und vier Kuchen eingetragen. Dann habe ich auch die Kinderspiele übernommen. Das ist zwar eigentlich die Sache von Frau Schön. Sie ist auch im PGR, hat aber nicht so viel Zeit und, wissen Sie, ich habe ja auch ein gutes Händchen für Kinder....
Jetzt muss ich noch die Handzettel kopieren und austeilen und den Transport der Senioren aus unserem Seniorenheim organisieren. Die alten Leutchen sollen doch auch zum Pfarrfest kommen ...

? Frau Engel, da haben Sie ja noch viel vor sich.

(Lacht) Ja, manchmal sagen die Leute auch, ich sei der gute Engel. Aber manchmal ist es mir auch zu viel. Aber wenn ich es nicht mache... wer dann? Meine Tochter schimpft immer mit mir und sagt: „Mama, kein Wunder, wenn dir da keiner hilft. Du ziehst ja alles an dich..."

Auf der anderen Seite bekomme ich ja auch so viel Zuspruch.

3. Herr Schulz („Erfolgreicher", hat ein gutes Gespür für erfolgreiche Aktionen)

? Guten Tag, Herr Schulz. Wir möchten auch von Ihnen wissen, was Sie beim Pfarrfest machen?

Beim Pfarrfest mache ich den ganzen Teil, der auf der Bühne stattfindet. Wir haben einige Chöre zu Gast, es gibt eine Tombola, der Dechant kommt und hält eine kurze Rede, ja und dann haben wir ja auch den Bürgermeister eingeladen. Ich habe die ganzen Kontakte gemacht und die wichtigen Leute eingeladen.

Na ja, und das Ganze muss ja moderiert werden. Ich habe das schon beim letzten Pfarrfest gemacht. Also man lobt sich ja nicht gerne selbst – aber ich kann das ziemlich gut.

Das ist aber noch nicht alles. Ich sagte ja schon, dass ich ganz gute Kontakte habe. Zum Beispiel auch zum Firmenchef des großen Pharmaunternehmens hier in der Nähe. Da habe ich einiges locker gemacht. Die sponsern uns den Bierpilz und die Bühnentechnik.

? Alle Achtung, Herr Schulz, da stellen Sie ja einiges für das Pfarrfest auf die Beine.

(seufzt) Ja, das sagen Sie!!! Aber das sehen nicht alle so. Der eine oder andere meckert, ich würde mich zu sehr in Szene setzen und aus dem ganzen eine Show machen für Leute, die sich eigentlich nicht mit der Pfarrei identifizieren. Was hatten wir darüber schon für Diskussionen...!

4. Frau Schön („Besondere", fühlt sich den tieferen Werten im Leben verbunden)

? Hallo, Frau Schön. Was ist denn Ihre Vorstellung von dem Pfarrfest?

Wenn es nach mir ginge, würde ich das Pfarrfest ganz anders aufziehen. Es unterscheidet sich doch nicht besonders von anderen Festen des Ortes. Ich würde einige Künstler einladen, die zu spirituellen Themen gearbeitet haben. Dazu könnten wir Meditationen und spirituelle Workshops anbieten, um sich mit bestimmten Themen mal tiefer auseinanderzusetzen.

? Sie finden das Pfarrfest in der jetzigen Form zu oberflächlich?

Sie treffen es auf den Punkt! Es muss doch noch etwas anderes geben als Tombola, Würstchen und Fritten, über deren Preis man sich wochenlang streitet. Die Pfarrgemeinde kann doch auch mehr Impulse zum Nachdenken, zur Auseinandersetzung mit den wirklich wichtigen Fragen geben. Ich würde viel lieber einen Workshop zum Thema „Mein spiritueller Weg" anbieten. Zum Glück hat Frau Engel ja schon für mich die Kinderspiele übernommen. Ich werde stattdessen beim Eröffnungsgottesdienst Harfe spielen.
Nach vielen Diskussionen hier in diesem Gremium konnte ich mich mit meinen anderen Ideen leider nicht durchsetzen. Ich bekam zu hören, ich sei zu weltfremd und unrealistisch. Für diese Workshops würde sich niemand interessieren, und es sei zu schwer, entsprechende Künstler zu finden.

Ich denke da anders... und ich scheine damit ziemlich alleine zu stehen.

5. Herr Anselm („Wissende“, kann gut Informationen sammeln)

? Herr Anselm, da sind Sie ja, wir hatten Sie gesucht. Freuen Sie sich schon auf das bevorstehende Pfarrfest?

(zerstreut) Ach, guten Tag...ja...ehm...
Ich war noch im Archiv und habe noch einige Unterlagen gesucht. Sie müssen wissen, dass ich noch einiges brauche, um einen Artikel über die Geschichte unserer Pfarrei zu schreiben. Der soll in der Sonderausgabe des Pfarrbriefes zum Pfarrfest erscheinen. Aber ich weiß noch nicht so genau, ob ich den Artikel bis dahin beendet habe. Es gibt da noch so viel an Informationen, die ich zusammentragen und auswerten muss. Wissen Sie, das muss man gründlich machen. Unsere Pfarrgemeinde hat nämlich ne lange Geschichte.

? Ach, das ist ja interessant, Sie schreiben einen Artikel über die Geschichte der Pfarrei. Bis in welches Jahr können Sie denn alles zurückverfolgen?

Ach, das kann ich jetzt noch nicht genau sagen. Dazu reicht meine Recherche noch nicht ganz aus, aber schon ziemlich weit. Ich muss dann auch noch im Diözesanarchiv nachschauen. Ich habe gehört, dass es da auch noch einige Dokumente gibt.

? Auf diesen Artikel kann die Pfarrgemeinde aber gespannt sein!

Na ja, es ist viel Arbeit und ich bin nicht sicher, ob ich fertig werde. Es unterstützt mich auch niemand besonders, weil so eine Chronik nicht unbedingt zum Pfarrfest passen würde. Die anderen meinen, ich würde zu sehr in meine Nachforschungen vertieft sein und mich zu wenig um das kümmern, was ganz praktisch für das Pfarrfest ansteht....

6. Frau Zobel („Loyale", zuverlässig, aber zögerlich)

? Guten Tag, Frau Zobel. Wie geht es Ihnen mit der Planung des Pfarrfestes?

Ja hallo, guten Tag auch. Das Pfarrfest.... oh je, nur noch drei Wochen Zeit, und es ist noch so viel zu tun.

? Für welche Aufgabe haben Sie sich denn entschieden?

Na ja, ich habe mich zuerst dazu entschlossen, eine Infotafel zu gestalten. Wissen Sie, da sollen alle Angebote der Pfarrei vorgestellt werden.

Ich hatte da auch schon so eine Idee, wie ich das mache. Ein Haus mit verschiedenen Etagen und in jedem Raum ein Angebot ... also so ähnlich. Aber der Herr Dalke meinte, das sei nicht übersichtlich genug. Jetzt bin ich ganz unsicher. Der Herr Dalke hatte da eine andere Idee: Ein Organigramm oder so was Ähnliches. Ehrlich gesagt, weiß ich gar nicht genau, was das ist. Aber der Herr Dalke ist ja ein sehr gebildeter Mann, schon wegen seines Berufes weiß der bestimmt besser, wie man das machen kann.

? Jetzt wissen Sie nicht weiter?

Genau, oder eigentlich doch. Ich meine, im Grunde fand ich meine Idee gut. Die Pfarrgemeinde als Haus mit vielen Angeboten ist doch ein schönes Bild. Was meinen Sie denn?

Ach, ja…schon…
Ich müsste mal wissen, wie man so ein Organigramm macht. Ich habe auch schon die anderen gefragt, und denen ist es eigentlich egal. Frau Engel meinte, ich solle mich von Herrn Dalke nicht so verunsichern lassen und mal endlich loslegen. Ich würde ja alles aufhalten mit meinen Zweifeln.
Aber ich weiß nicht, vielleicht hat Herr Dalke ja doch Recht. Oder?

7. Herr Karst („Unterhaltsame“, ihm kommt es darauf an, dass es Spaß macht)

? Herr Karst, nun wollen wir auch Sie fragen, wie Sie sich für das Pfarrfest engagieren.

(Lacht) Ach das Pfarrfest! Das ist schön. Ich werde im Bierpilz stehen. Das macht richtig Spaß. Da trifft man viele Leute, kann hier und da ein Späßchen machen und erfährt immer die neuesten Witze... das ist Klasse!

? Sie sind der erste, der sich so richtig auf das Pfarrfest freut.

Na klar. Das ist doch auch was Schönes. Man kann gar nicht oft genug im Leben feiern. Trauriges gibt es doch überall wo du hinsiehst. Also deshalb denke ich mir: Alles Schöne mitnehmen und sich daran freuen.

Ich schenke jetzt schon das dritte Jahr im Bierpilz aus. Sie glauben ja gar nicht, was es da zu lachen gibt. Die Leute haben gute Laune, und ich erzähle ja auch gerne Witze. Das lockert so schön auf. Dann haben wir im Nu gute Stimmung. Kennen Sie übrigens den? Da geht ein Pfarrer auf das Pfarrfest....

? Nein, kenne ich nicht. Aber wie sehen das denn ihre Kollegen im PGR?

Och, da bringe ich auch ne Menge Spaß hinein. Wissen Sie, diese drögen Sitzungen muss man hier und da auch mal auflockern! Meistens kommt das auch gut an. Wenn man mal richtig gelacht hat, dann geht alles besser von der Hand.
Der ein oder andere Miesepeter meckert natürlich. Dann bekomme ich zu hören: „Jetzt aber mal wieder ernst werden. Wir müssen die wichtigen Dinge angehen."
Dann denke ich mir: Mein Gott, wir sind doch hier kein Trauerverein....

8. Frau Ernst („Mächtige", hat immer viele Projekte gleichzeitig)

? Hallo, Frau Ernst, gut, dass wir Sie endlich auch treffen. Sie waren ja immer unterwegs.

Guten Tag. Na klar. Ich habe jede Menge zu tun.

? Ach, sind Sie so beschäftigt wegen des Pfarrfestes?

Das Pfarrfest...nein, da ist doch schon alles geplant. Ich beschäftige mich schon mit unserem neuen Projekt, dem Familientag in der Gemeinde. Wir müssen unbedingt die Erkenntnisse der Sinusstudie umsetzen. Für das Pfarrfest habe ich schon klar, was zu machen ist. Das hatten wir ja im PGR schon dreimal besprochen. Damit kann man sich ja nicht ewig aufhalten. Dafür gibt es schließlich jede Menge neuer Projekte, die man anschieben muss, damit in der Gemeinde auch etwas passiert. Und deswegen bin ich ziemlich eingespannt. Ich habe auch schon eine neue Idee, wie wir mit der Nachbargemeinde ein Großprojekt für neue Milieus zur Weihnachtszeit auf die Beine stellen können. Das muss ich unbedingt in der nächsten Sitzung einbringen.

? Oh, Sie denken schon bis Weihnachten?

Jetzt reagieren Sie genau wie manche aus dem PGR. Die wollen auch immer noch das besprechen, was morgen ist. Aber damit kann ich mich nicht aufhalten. Wenn man nicht bis übermorgen denken kann, erreicht man nichts und bleibt stehen. Dann verstauben wir. Es muss doch weitergehen … !

9. Herr Funke („Friedfertige", ist eher träge und vermeidet Auseinandersetzungen)

Ach, Sie wollen mich bestimmt zum Pfarrfest befragen. Ich habe schon von den anderen gehört, dass Sie so etwas machen.

? Ja, guten Tag, Herr Funke. Sie fehlen uns noch. Was ist denn Ihre Aufgabe beim Pfarrfest?

Ach, wissen Sie, das lasse ich alles ganz gemütlich angehen. Man muss ja auch mal den ganzen Stress und die Hektik aus dieser Sache nehmen. Schließlich bin ich Ehrenamtler und kann mir doch aussuchen, was ich mache. Und das Ehrenamt soll doch auch Spaß machen, sonst habe ich nichts davon. Herr Dahlke hatte mich gebeten, den Ablaufplan zu machen, aber ihm kann man ja sowieso nichts recht machen, also habe ich das wieder abgegeben. Wenn Herr

Dahlke so Druck macht, dann kriegen sich die Leute nur in die Wolle. Das kann ich überhaupt nicht leiden, da gehe ich dann lieber weg.

? Und was machen Sie beim Pfarrfest?
Ich mach eigentlich nicht direkt was. Ich bin so dabei, und wenn jemand was hat, kann er mich anfragen. Hauptsache, es gibt keinen Streit. Ich helfe vielleicht auch mal beim Verkauf unseres selbstgebrannten Schnapses aus der Pfarrei. Da hatten wir dieses Jahr eine gute Idee. Es gibt Kirschwasser und Aufgesetzten aus Pflaumen. Wir haben schöne Etiketten gestaltet: „St. Thomas Tropfen". Der verkauft sich sicher gut.

? Ach, das ist ja mal eine neue Idee.
Ja, das finde ich auch. Aber da hätten Sie mal die anderen hören sollen, was da aus den eigenen Reihen für Kritik kam. Ich hasse Streit und Gemecker und habe mich aus der Auseinandersetzung rausgehalten. Ich kann die ja auch verstehen, weil Geschäfte mit Alkohol auf einem Pfarrfest sich ja auch nicht besonders macht. Aber andererseits können wir mit dem Geld eines unserer Hilfsprojekte in Afrika unterstützen. Wissen Sie, ich kann alle Seiten verstehen.

Die hier etwas überdeutlich dargestellten Charaktermuster zeigen nicht nur, wie unterschiedlich die Charaktere sind, sondern wie aus der Unterschiedlichkeit Spannungen entstehen. Es bleibt aber nicht immer nur bei den üblichen Reibereien, es kann auch ernster werden, wenn nämlich Rivalitäten richtig ausgetragen werden.

3.3 Mit Rivalität rechnen

Die Beobachtungen zum Konfliktpotential in der Zusammenarbeit von Menschen haben deutlich gemacht, dass es zu Spannungen kommen muss, weil die Menschen verschieden sind. Sollen sie kooperieren, dann treffen unterschiedliche Vorstellungen aufeinander, z.B. wie man ein Pfarrfest gestalten und im Einzelnen organisieren soll. Gelingt es, die unterschiedlichen Sichtweisen und damit Begabungen in einen Ausgleich zu bringen, dann wird das Ganze besser, weil eben jeder etwas Besonderes hinzufügen kann, was zum Gelingen des Festes beiträgt. Am Beispiel des Pfarrfestes wird auch deutlich: Prallen die unterschiedlichen Vorstellungen einfach aufeinander und gibt es keine ordnende Hand, die jedem seinen Platz im Ganzen gibt, dann wirken die an sich positiven Begabungen gegeneinander und stellen das Ganze in Frage.

Da die Organisatoren durch ihre persönliche Ausstrahlung die Stimmung auf dem Fest nachhaltig bestimmen, wirkt ein interner Zwist auf die Besucher. Zudem ist es in kirchlichen Kreisen üblich, jede Verärgerung, jede Spannung, die man aus einem Gremium, einem Projektteam mitbringt, vor anderen breitzutreten. So wird das Pfarrfest von den Protagonisten dazu genutzt, den eigenen Ärger zu verarbeiten, indem man mit denen, die auch zum Kernbereich der Pfarrei gehören, darüber spricht. Dass es vielen kirchlichen und anderen Non-Profit-Einrichtungen an Ausstrahlung fehlt, lässt sich leicht damit erklären.

Aber unterschiedliche Sichtweisen müssen nicht notwendig zu Machtkämpfen und Verärgerungen führen. Es braucht nur jemand, der zwischen den Energien einen Ausgleich herbeiführt. Die Spannungen lassen sich also durchaus lösen und produktiv nutzen. Aber es kann auch anders kommen. Einer oder eine vergisst nicht, fühlt sich so zurückgesetzt, dass Gefühle der Rache Platz greifen. Dann geht es nicht mehr um Sich-durchsetzen, sondern darum, den anderen auszuschalten. Die Energien dafür holen wir uns meist, indem wir andere hinter uns bringen und dann alles daran setzen, den zum Feind stilisierten Mitmenschen zum Rückzug zu zwingen. Je härter die Auseinandersetzung geführt wird und je mehr der andere sich wehrt, desto mehr Mittel müssen eingesetzt werden. Eines der Beliebtesten ist die üble Nachrede. Mit ihr soll der andere nicht nur aus dem Gremium, der Projektgruppe herausgetrieben werden, sondern auch in seinem sozialen Umfeld unmöglich gemacht werden. Weil von übler Nachrede immer etwas hängen bleibt und damit der andere auch von Menschen isoliert wird, die eigentlich mit dem Streit nichts zu tun haben, führt diese Waffe zur Ausgrenzung aus der Gemeinschaft. In einer pluralistischen Gesellschaft kann sich der Einzelne aus dem bisherigen sozialen Umfeld verabschieden und anderswo Kontakte knüpfen. In Gesellschaften, in denen alles mit allem zusammenhängt, wirtschaftliche, religiöse, familiäre Existenz ineinander verflochten sind, bedeutet üble Nachrede den sozialen Tod. Jemanden als Hexe oder Hexer anzuklagen, war in der beginnenden Neuzeit in den Wirren der Konfessionskriege in Deutschland eine wirksame Waffe und ist heute noch in einigen Stammesgesellschaften, die keine Differenzierung kennen, wirksam. Weil „Üble Nachrede" eine tödliche Waffe ist, ist sie durch die christliche Morallehre streng verboten.

Der Neid

Neben den Rachegefühlen, die zur aktiv betriebenen Ausgrenzung anderer, engagierter Menschen führen, gibt es ein noch gefährlicheres Gift. Es kommt noch nicht in der Vorbereitungsphase zur Wirkung, sondern, um am Beispiel des Pfarrfestes zu bleiben, danach. Dann hat jeder der 9 Protagonisten die Rückmeldung auf seinen Einsatz erlebt. Mit Notwendigkeit wird man feststellen, dass nicht jeder Stand, nicht jedes der vorbereiteten Spiele die gleiche Resonanz erfuhr. Die Besucher sind da wie die Käufer in einem Supermarkt. Das eine wird genommen, das andere liegengelassen. Der eine hat Erfolg und der andere stellt seine Anstrengungen in den Vergleich mit dem, was andere an Lob geerntet haben. Es ist wie bei Winzern. Alle haben sich enorm angestrengt, der Wein des einen wird gut verkauft, der andere bleibt auf seiner Ernte sitzen. In der Bibel ist beschrieben, wie plötzlich Gift austritt:

„Nach einiger Zeit brachte Kain dem Herrn ein Opfer von den Früchten des Feldes dar; auch Abel brachte eines dar von den Erstlingen seiner Herde und von ihrem Fett. Der Herr schaute auf Abel und sein Opfer, aber auf Kain und sein Opfer schaute er nicht. Da überlief es Kain ganz heiß, und sein Blick senkte sich. Der Herr sprach zu Kain: Warum überläuft es dich heiß und warum senkt sich dein Blick? Nicht wahr, wenn du recht tust, darfst du aufblicken; wenn du nicht recht tust, lauert an der Tür die Sünde als Dämon. Auf dich hat er es abgesehen, doch du werde Herr über ihn! Hierauf sagte Kain zu seinem Bruder Abel: Gehen wir aufs Feld! Als sie auf dem Feld waren, griff Kain seinen Bruder Abel an und erschlug ihn.“ (Gen 4, 3-8)

Was in der Geschichte von Kain und seinem Bruder Abel beschrieben wird, ist exemplarisch erzählt. Wir meinen zwar, dass das in weniger modernen Gesellschaften vorkommt, aber in unserer, vom Verstand gesteuerten Gesellschaft, überwunden scheint. Und in Kirchengemeinden geht man davon aus, dass das im Alten Testament seinen Platz hat, aber unter Christen nicht mehr passiert. Aber das verkennt die Realität. Weil die Geschichte nicht ein Bericht ist, sondern zeigt, wie Neid und Rivalität zwischen Menschen aufbricht, die sich persönlich nahe sind, passiert das jeden Tag. Die Autoren der legendären Fernsehserie „Dallas" haben sich an der Kain und Abel-Konstellation orientiert. Was herausgekommen ist, hat die Menschen über Jahre interessiert. Jeder kennt solche tödlichen Geschichten, denn das Bedrohliche ist, dass Kain, wirkt das Gift des Neides und der Rivalität erst einmal, gar nicht anders kann, als seinen Bruder umzubringen.

Gegen das Gift gibt es kein Heilmittel, das Menschen zur Verfügung stände. Jesus ist dem Mechanismus auch zum Opfer gefallen. Er hat sich mit den jüdischen Theologen angelegt, die im Zusammenhang mit dem Hohen Rat nur mit Repression reagieren konnten. Dass sie so unerbittlich am Tod Jesu interessiert waren, wie es in den Berichten über die Verhandlungen vor Pilatus deutlich wird, hängt mit diesem Gift zusammen. Jesus hat keine Gegengewalt eingesetzt, sondern das Gift überwunden, indem er den Kreuzweg gegangen ist.

Wenn zu beobachten ist, dass dieses gefährliche Gift wirkt, sollten sich die Verantwortlichen nicht wie Pilatus verhalten und den Dingen ihren Lauf lassen. Sie müssen bei Mobbing eingreifen und den Unschuldigen schützen. In vielen Fällen wird man die Projektgruppe auflösen, den Vorstand neu wählen müssen. Auf keinen Fall ist es mit Verweis auf das Kreuzesleiden Jesu erlaubt, Mitmenschen dem Mobbing anderer ausgesetzt zu lassen, indem man wegsieht.

Diese Abhandlung soll keine Angst machen, sondern die Augen dafür öffnen, dass wir alle in uns den Keim der Rivalität tragen. Wir haben aber die lebenslange Aufgabe, diesen Keim nicht zu nähren und da, wo wir ihm begegnen, zu handeln.

3.4 Meine Ressourcen

Da ich auch als Ehrenamtlicher nicht von meinen Fehlleistungen und Engstellungen meines Charaktermusters verschont bleibe, brauche ich so etwas wie einen Anker, der mir die Kraft verleiht, das Schiff zu steuern und das Ruder zu halten.
Woher nehme ich eigentlich den Mut und die Zuversicht, mich für ein Ehrenamt stark zu machen, und wie sichere ich mir langfristig meine Kraft dafür?
Wenn wir einen Blick auf unsere Eltern, Großeltern und vielleicht auch noch Urgroßeltern nehmen und genauer hinsehen, welches Gut, welche Werthaltung, welche Begabungen und welche Lebenspraxis dort beheimatet waren und was sich über die Generationen fortgesetzt hat, können wir meist erkennen, dass wir schon Begabungen und Fähigkeiten mitbringen. Die besonderen Qualitäten wie auch die spezifischen Wertvorstellungen, aus denen heraus wir die Wahl für ein Ehrenamt treffen oder bereits getroffen haben, waren in unserem familiären Hintergrund schon da. Wir bringen Rückendeckung für unser Handeln aus unserem Familienhintergrund mit. Wir erkennen, dass wir etwas fortführen, weiterentwickeln oder ganz neu machen und mit großer Sicherheit auch an die nächste Generation weitergeben, was in den vergangenen Generationen schon

grundgelegt war. Wir schöpfen zu einem guten Teil unsere Ressourcen aus unserer Vergangenheit. Wir nutzen das Gut unserer Qualitäten und entwickeln es weiter, gestützt auf der Lebenspraxis der Generationen vor uns.

Was heißt das heute für die Situation des Ehrenamtes?

In unserer Gesellschaft ist, wie in früheren Generationen, das Ehrenamt ein wichtiges Fundament für die Werte, die es für das Zusammenleben braucht. Deshalb wird es immer mehr Menschen geben, die ihre Kompetenzen in unsere Gesellschaft hineinbringen. Wer sich mit dem Potential der eigenen familiären Vergangenheit identifiziert, kann Kraft gewinnen und Zutrauen entwickeln, um den kommenden Herausforderungen in einer offenen Haltung begegnen zu können.

Aber nicht nur die Kraft aus dem Familienhintergrund stützt unsere Ressourcen für das ehrenamtliche Engagement, sondern wir spüren, dass mit dem Ehrenamt unser Leben interessanter, reicher und erfüllter ist. Diese Erfahrungen sind es, die in uns Energien freisetzen, die unserem Leben einen tieferen Sinn verleihen. Sie sind es auch, die uns dazu verhelfen, dass wir uns weiterentwickeln und nicht stehen bleiben.

Aber wie alles, was Früchte tragen soll, braucht auch meine persönliche Weiterentwicklung Herausforderungen, die mich an meine Grenzen führen. Erst dann kann ich in ein tieferes Verständnis für Gott, die Menschen, die Welt und für mich selbst eintauchen.

3.5 Was mache ich, wenn ich scheitere?

Am Ende dieser Ausführungen zu den Aufgaben im Ehrenamt könnte der Eindruck entstehen, dass ich mich nur „fit“ genug machen muss, damit mir die Aufgabe gelingt, und dass ich alles im „Griff“ habe, wenn ich nur gut genug ausgebildet bin. Dieser Eindruck ist trügerisch, weil es viel zu viele Herausforderungen und Variablen gibt, auf die ich mich nicht vorbereiten kann und die mich an meine persönlichen Grenzen führen. Mit guten Startbedingungen und evtl. gezielter Fortbildung kann ich einen großen Teil meiner Kompetenz aktiv bestimmen und entwickeln. Dann besteht die gute Chance, dass Projekte und Aufgaben gelingen. Trotzdem habe ich im Leben keine Option für „Gelingen“. Qualifikation und Charisma können nicht verhindern, dass ich an meine Grenzen komme, vor „Unmachbarem“ stehe und Halt machen muss.
Das Gefühl kann sich breit machen, dass ich mich bestimmten Aufgaben nicht gewachsen fühle, dass mir immer noch etwas fehlt, ich es vielleicht nie so schaffen werde, so wie ich es mir vorgestellt habe. In diesem Augenblick drückt die Verantwortung, die ich übernommen habe. Ich spüre sie als Last, obwohl ich diese Verantwortung einmal gesucht habe. Diese Ambivalenz kennen viele. Dann kommen die Fragen hoch: Warum mache ich das alles? Lohnt sich mein Engagement? Warum suche ich mir nicht etwas, das einfacher geht?
Auf diese Fragen gibt es keine direkte Antwort, aber sie führen uns an eine tiefere Dimension unseres Tuns. Sie zeigen uns auf, was in uns vorgeht.
Die Fragen melden sich nämlich, wenn wir in eine Krise kommen. Sie konfrontieren uns mit unserer Begrenztheit

und den Engführungen unseres Charakters. In der Auseinandersetzung damit eröffnen sie uns Chancen, wenn wir uns mit dem, was uns innerlich umtreibt, ernst nehmen und es nicht einfach wegschieben. Denn mit jeder dieser Fragen vergewissern wir uns, ob das, was wir tun, wirklich das ist, was wir tun sollen, wofür wir einen inneren Auftrag haben. In der Auseinandersetzung mit unseren Begrenztheiten sind wir an einem wichtigen spirituellen und damit existentiellen Punkt in unserem Leben. Selten erfahren wir im Gespräch mit anderen etwas über diese Dimension. Über vieles wird gesprochen, aber fast nie über das, was im Leben Sinn oder weniger Sinn macht, oder wo wir scheitern. Mit den Fragen und Gedanken fühlen wir uns deshalb erst einmal allein. Uns scheint, dass andere davon nicht betroffen sind. Deshalb ist es auch schwer, diese Situation als Chance zu sehen.

Woher nehme ich den Mut, die inneren Prozesse, in die ich mit Sicherheit gerate, wohlwollend in den Blick zu nehmen, die spirituelle Dimension wahrzunehmen und die Chancen und Möglichkeiten, die darin verborgen sind, als hilfreich zu erfahren?

Andere vor mir haben es auch gewagt, sich für bestimmte Werte einzusetzen, dafür hinzustehen und sich mit anderen auf den Weg zu machen. Es waren Väter und Mütter, Menschen vergangener Generationen, die ein Ehrenamt übernommen haben und für mich Modell stehen können. Sie haben ihre Aufgaben mit den Qualitäten, die sie sich erworben hatten, so gut, wie es ihnen möglich war, gemeistert.

Wenn ich auf deren Geschichte blicke, kann ich mit ein wenig Beruhigung erkennen, dass es in ihrem Leben auch nicht immer glatt ging, dass es Höhen, aber auch Tiefen, Brüche, Fehler und Fehlentscheidungen gab, dass sie ihren Erfolg, wie auch ihre Niederlagen hatten und in bestimmten Situationen scheitern mussten. Ich erfahre, wie sie die Krisen in ihrem Leben gemeistert haben.

Auch ich muss nicht immer perfekt sein, auch ich gerate an persönliche Grenzen, in denen es nicht von mir alleine abhängt, ob etwas gelingt, ob etwas zu einem guten Abschluss gebracht wird. Auch ich muss nicht daran zerbrechen und kann lernen, Misserfolge als etwas notwendig Dazugehörendes und damit als Chance für meine persönliche Entwicklung zu sehen. Es sind Entwicklungsphasen, auf die ich mich einstellen kann.

Wenn ich mich auf den Weg als Ehrenamtliche begebe, ist meist nach einer gewissen Einarbeitungszeit die erste Erfahrung, dass ich mit meinen Ideen und Vorstellungen nicht immer so gut ankomme und vielleicht sogar abgelehnt werde. Es ist sogar möglich, dass ich mit Projekten Schiffbruch erleide. Ich bin mit soviel Elan in die Aufgabe eingestiegen, habe mich engagiert und es gut gemeint. Die Erfahrung, dass es mir nicht gelingt, dass es doch schwieriger ist, als ich gedacht habe, kann mich schnell aus dem Gleichgewicht bringen und mich zum Rückzug veranlassen. Ich kann mir auch etwas vormachen und damit der Realität ausweichen. Diese Reaktion ist verständlich und normal, weil ich mich mit meinen Qualitäten in Frage gestellt fühle, das Vertrauen in meine Fähigkeiten zu verlieren drohe. Mein Selbstwertgefühl wird auf die Probe gestellt.

Zunächst ist es einfach nur schmerzhaft, auf das eigene Unvermögen zu blicken, die Niederlage auszuhalten und die eigenen Grenzen zu akzeptieren. Der erste Impuls ist meist, zu fliehen, wegzugehen, sich etwas anderes zu suchen. Doch das ist selten eine gute Lösung, weil ich mich immer mitnehme und mein Scheitern an einer anderen Stelle wiederhole. Wenn es mir gelingt, diese Situation als ein Zeichen zu sehen, das mich auf das aufmerksam machen will, was in mir noch entwicklungsfähig ist, kann ich mich mit meinen Defiziten besser anfreunden.

In dieser Phase fühle ich mich auch alleine und einsam, verlassen von der Solidarität der anderen. Die Norm in unserer Gesellschaft, mit persönlichen Problemen möglichst niemanden zu belasten, erschwert die Situation. Ich brauche manchmal viel innere Kraft, um die Gefühle auszuhalten und durchzustehen. Damit ich die notwendige Energie aufbringen kann, ist innere Aufmerksamkeit hilfreich – aufmerksam zu sein für das, was sich in der Krise zeigt. Da tut es auch gut, sich eine Beratung oder Begleitung, einen Freund oder Freundin zu suchen, die mich durch diese Phase geleitet und mir behilflich ist, das zu erkennen, was sich mir zeigen will. Dieser Schritt braucht Überwindung, denn ich muss mir meine Schwierigkeiten eingestehen und sie einem anderen offenbaren. Die Versuchung ist groß, Beziehungen abzubrechen, mich gehen zu lassen, weil ich das Gefühl habe, dass ich den Herausforderungen dieses Lebens sowieso nicht gewachsen bin.

Wenn ich aber die Krise nicht einfach übergehe, sondern wahrnehme, was jetzt ist, aufmerksam bin, was sich an Gedanken, Bewegungen, Einsichten deutlich macht, kann ich darauf vertrauen, dass mir etwas Neues begegnet. Ich erfahre, was ich zu tun habe, dass es mir jemand sagt, dass

ich eine Eingebung habe, dass ein Traum mich aufmerksam macht oder dass alte Erfahrungen auftauchen, die mir Entscheidungshilfen ermöglichen.
Zur inneren Achtsamkeit gehört Ruhe, Zeit, Besinnung. Manchmal muss ich mich dafür auch aus der Unruhe und Hektik des Alltages zurückziehen. Da können Exerzitien eine gute Wahl sein. Denn in dieser Phase bestimmt die Angst mein Erleben, Angst, den Anforderungen nicht gewachsen und den eigenen charakterlichen Engführungen und Unfähigkeiten ausgeliefert zu sein. Ich kann die Selbstzweifel überwinden, wenn ich nicht davonlaufe und wenn ich der Angst in die Augen schaue.

Die nächste Phase ist dadurch bestimmt, dass ich eine neue Chance bekomme, einen neuen Auftrag erhalte und damit der Verwirklichung meiner Lebensaufgabe näher komme. Ich kann die Erfahrungen der Vergangenheit nutzen und mich so mit der neuen Aufgabe weiterentwickeln.
Die Phasen wiederholen sich meist mehrfach in meinem Leben, immer wieder kann ich vor ähnlichen Situationen stehen, die für mich da sind, damit ich meiner Lebensberufung näher komme und zugleich die Engführungen in meinem Charakter erweitere.
Die letzte Phase in meiner Lebensaufgabe fordert mich noch einmal ganz besonders heraus. Sie verlangt von mir, dass ich die Verantwortung jemand anderem übergebe, sie weitergebe an die nächste Generation. Dafür muss ich loslassen und vertrauen, dass auch sie ihre Aufgabe bewältigen. Auch sie werden Niederlagen einstecken müssen, niedergeschlagen sein und sich wieder aufraffen. Auch sie werden die Erfahrungen machen, die sie für ihre Entwicklung brauchen. Damit aber die nächste Generation mein Erbe übernehmen

und in eigener Verantwortung weiterführen kann, braucht sie meine offizielle Übergabe und meinen Segen, nämlich das Wohlwollen der Älteren für die Jüngeren, verbunden mit dem Zutrauen in die nächste Generation.
Unsere Darstellung der Phasen orientiert sich am Lebensweg Moses, der eine besonders schwierige Aufgabe übernommen hat. Die Entwicklungsstufen sind auch in vielen Mythen dargestellt (vgl. Joseph Campbell, Der Heros in tausend Gestalten), in den acht Stufen des inneren Weges, den der Buddhismus beschreibt, und in vielen Romanen. Alle diese Beschreibungen kennen Entwicklungsstufen und die Erfahrung des Scheiterns als notwendigen Durchgang zu einem tieferen Verständnis der eigenen Aufgabe.

4. Die Sorge für das Ehrenamt

4.1 Das kreative und spirituelle Potential des Ehrenamtes

Ehrenamtliches Engagement wird gebraucht. Keine Kirche, kein Sportverein, kein Verbandsleben funktioniert ohne Ehrenamtliche. Die Versorgung der immer älter werdenden Gesellschaft lässt sich durch bezahlte Pflegedienste nicht mehr garantieren. Das Ehrenamt wird als eine gesellschaftliche Notwendigkeit zum Thema gemacht und von den Medien auch so vermittelt. Aber das ist nur die gesellschaftliche Verwertungskette, die so in den Blick gerückt wird. Ausgeblendet wird durch diesen Blickwinkel, dass der Verein, die Kirchengemeinde, die soziale Initiative für das Engagement von Menschen da ist. Sportvereine sind dazu da, dass Menschen Sport treiben können. Wer als Trainer und Organisator von Wettkämpfen anderen Sport ermöglicht, also die Ehrenamtler im Sport, können die Werte „seinen Körper fit halten", „Stress abbauen", „sich an Bewegungsabläufen und dem Zusammenspiel im Mannschaftssport freuen" in besonderer Weise verwirklichen. Denn über das Sport-Treiben hinaus, das jedes Vereinsmitglied erleben kann, bringen sie ihre sozialen Fähigkeiten ein und entwickeln diese. Sie bauen erst das Beziehungsgefüge aus, das für Training und Mannschaftsgeist motiviert.
Ähnliches gilt für Ehrenämter in sozialen Initiativen und Kirchengemeinden. Wer einen liturgischen Dienst übernimmt, betet nicht nur, sondern baut die feiernde Gemeinde mit auf. Wer in einem Hospiz die Begleitung eines Sterbenden übernimmt, wer bei einer Tafel mitarbeitet, der kann Werte verwirklichen, nämlich anderen Menschen nahe sein, Solidarität mit Benachteiligten verwirklichen, Menschen in schwierigen Situationen beistehen. Dass diese Werte von Menschen gelebt

werden können, dafür sind Vereine, soziale Einrichtungen, Kirchengemeinden da. Es ist sicher das erste Ziel von Sportvereinen, dass Menschen sich fit halten und Stress abbauen können. Soziale Einrichtungen sind für Kranke und sozial Benachteiligte, Kirchen sind dafür da, dass die Menschen einen Weg zu Gott finden und den Sinn ihres Lebens tiefer erfassen. Aber der Wertekern wird noch mehr von denen gelebt, die ein Ehrenamt ausüben. Es sind die Trainer und Vorstandsmitglieder, die Begleiter von Sterbenden, die Lektoren, die Messdiener, die Gruppenleiter, die die Werte leben, die die Ausstrahlung eines Sportvereins, eines Hospizes, einer Tafel, einer Kirchengemeinde ausmachen.
In der Industrie ist es nicht anders. Es sind die Autos, weswegen es einen Autorhersteller gibt. Der Wert des Unternehmens besteht jedoch nicht zuerst in der Qualität der Autos, sondern in den Mitarbeitern, die solche Autos entwerfen und bauen können, mit denen die Kunden gerne unterwegs sind. Im Dienstleistungsbereich ist das noch deutlicher, dass es auf die Mitarbeiter ankommt. Ein Hotel kann optimal gebaut sein, seine Ausstrahlung gewinnt es durch die Mitarbeiter. Eine Rechtsanwaltskanzlei braucht entsprechende Räume, eine Telefonanlage, eine gute Bibliothek, jedoch lebt sie von den Mitarbeitern, die ihre Aufgabe darin sehen, ihre Mandanten gut zu beraten und ihnen zu ihrem Recht zu verhelfen. Ob in Profit- oder Non-Profit-Unternehmen – die Werte werden von denen gelebt, die sich für das Unternehmen engagieren. Von ihnen hängt die Ausstrahlung des Unternehmens, der Einrichtung ab.

Menschen, die ihre Aufgabe erkannt haben und diese auch in die Tat umsetzen, brauchen Vereine, Kirchengemeinden, soziale Initiativen, sonst bleiben sie mit ihrer Person in der Möglichkeit stecken und werden nicht „wirklich". Die Werte, die Menschen für ihr Leben als tragend sehen, dürfen nicht in den Vorstellungen bleiben, sondern müssen wirklich werden. Zugleich sind ehrenamtliche Berufungen Geschenke an eine Kirchengemeinde, einen Verein, eine Initiative wie auch an eine Partei oder Gewerkschaft. Denn ohne engagierte Mitarbeiter bleiben die Werte eines Sportvereins, einer sozialen Einrichtung, einer Kirchengemeinde nur in der Vorstellung. Es braucht engagierte Menschen, denen es um die Werte geht, damit die Werte auch Wirklichkeit und für die Vereinsmitglieder, die Kranken, die sozial Benachteiligten, die Gläubigen und Suchenden erlebbar werden.
Für Unternehmen wie für Non-Profit-Einrichtungen sind von den Werten des Unternehmens, des Verbandes, der Einrichtung Überzeugte auch deshalb ein Geschenk, weil kein Unternehmen, kein Verein, keine Kirchengemeinde Begabungen und Wertüberzeugungen herstellen können. Vor allem können sie Engagement nicht organisatorisch herstellen. Weil das aus dem Blick geraten ist, sind Kirchen, Gewerkschaften und auch manche Vereine in die Krise geraten. Sie haben sich nämlich nicht durch die Wertüberzeugungen ihrer Ehrenamtler zu stabilisieren versucht, sondern indem sie Strukturen vertraut haben. In endlosen Strukturdebatten wollte man die Organisation, den Verein, die kirchliche Seelsorge stabilisieren. Sitzungen sind zur Hauptbeschäftigung geworden. Gerade in den Kirchen haben viele Ehrenamtler ihr Engagement und ihre Energie in den Sitzungen der neu installierten Gremien verbraucht. Dabei ist es seit der Bibel und den Erfahrungen aller christli-

chen Generationen klar, dass Kirche nicht aus Besprechungen erwächst, sondern aus den drei Grunddiensten Liturgie, Verkündigung und Caritas. In gut geleiteten Sitzungen können zwar auch menschliche und spirituelle Werte erfahren werden, aber doch nicht in der Weise wie im Gottesdienst, in einem Meditationskurs, einer Firmgruppe oder indem man einem Schwächeren beisteht.

Ähnliches gilt für die Hauptamtlichen. Sie haben sich auch wegen ihrer Wertüberzeugung für eine theologische Ausbildung entschieden und kommen meist aus den Jungendverbänden und dem Kreis der Ehrenamtlichen. Sind sie dann in ihrem Beruf aktiv, werden durch genaue Arbeitsplatzbeschreibungen die Belange der Organisation abgesichert. Nicht die Berufung des Hauptamtlichen, sondern die Anforderungen der Organisation stehen im Vordergrund. Das führt zu einem bestimmten Ausbildungsschema: Jeder soll an jedem vergleichbaren Platz der Organisation einsetzbar sein. Das Individuelle wird zugunsten der Rolle zurückgedrängt. Das hat seinen Sinn, schöpft aber nicht die Ressource des persönlichen Lebensauftrages aus. Die Folge ist, dass viele Verbände, Organisationen und nicht zuletzt die Kirchen so viele resignierte hauptamtliche Mitarbeiter haben. Sie sollen die Belange der Organisation betreiben, die ihren Arbeitseinsatz von den Gesichtspunkten der funktionierenden Strukturen sehen.

Aber weder eine Gewerkschaft noch eine Kirche wurzelt in ihren Strukturen, sondern in den Werten, die engagierte Mitarbeiter und Mitarbeiterinnen Wirklichkeit werden lassen. Erst wenn die Kernwerte bestimmend sind, gewinnt ein Verband, eine Kirche Ausstrahlung. Wenn bei Haupt- wie bei Ehrenamtlichen die persönliche Berufung hinter dem „Funktionieren für die Organisation“ zurücktreten muss,

haben der Verband, die Kirche den Blick für das „Geschenk" verloren, das der eigenen Organisation, Kirchengemeinde, dem eigenen Verband durch die Berufung der Ehrenamtlichen gemacht wird.
Die Kirchen können in ihren Gründungsdokumenten, konkret in der Apostelgeschichte und den Briefen, die Erfahrung greifbar finden, dass die christlichen Gemeinden nicht durch Organisationsstrukturen aufgebaut wurden, sondern indem Menschen ihr Charisma eingebracht haben. Charisma heißt in den biblischen Texten nicht eine außergewöhnliche Fähigkeit, die z.B. einem charismatischen Führer oder einem Künstler zuerkannt wird, sondern die konkrete Begabung, die der Einzelne für den Aufbau der Gemeinde bekommen hat. Sie werden eigens aufgezählt.
„So hat Gott in der Kirche die einen als Apostel eingesetzt, die andern als Propheten, die dritten als Lehrer; ferner verlieh er die Kraft, Wunder zu tun, sodann die Gaben, Krankheiten zu heilen, zu helfen, zu leiten, endlich die verschiedenen Arten von Zungenrede." (1. Kor 12, 28)
Es hat sich dann auch bald herausgestellt, dass die Charismen gegeneinander in Konkurrenz geraten können. Es braucht eine ordnende Hand, damit die Ehrenamtler nicht gegeneinander arbeiten, sondern jeder mit seiner Begabung dem Ganzen nützt. Das genau beinhaltet die Leitungskunst. Um das Zusammenspiel zu erläutern, benutzt Paulus das Bild des Leibes. Jedes Organ hat seine Aufgabe und soll sich an dieser orientieren. Der Fuß soll sich nicht an die Stelle der Hand, das Auge sich nicht an die Stelle des Ohres setzen.

Für die Leitung, ob ehrenamtlich oder hauptamtlich wahrgenommen, folgen daraus zwei wichtige Aufgaben:

- Das Charisma des Einzelnen erkennen und
- diesem Charisma einen Platz im Ganzen geben.

Das Charisma des Einzelnen wird von Paulus nicht auf die Kirche zurückgeführt, sondern als Gabe bezeichnet, die Gott für den Aufbau der Gemeinde schenkt. In dem schon zitierten 12. Kapitel des 1. Korintherbriefes erklärt Paulus: „Denn wie der Leib eine Einheit ist, doch viele Glieder hat, alle Glieder des Leibes aber, obgleich es viele sind, einen einzigen Leib bilden: So ist es auch mit Christus. Durch den einen Geist wurden wir in der Taufe alle in einen einzigen Leib aufgenommen, Juden und Griechen, Sklaven und Freie; und alle wurden wir mit dem einen Geist getränkt...
Nun aber hat Gott jedes einzelne Glied so in den Leib eingefügt, wie es seiner Absicht entsprach. Wären alle zusammen nur ein Glied, wo bliebe dann der Leib? So aber gibt es viele Glieder und doch nur einen Leib. Das Auge kann nicht zur Hand sagen: Ich bin nicht auf dich angewiesen. Der Kopf kann nicht zu den Füßen sagen: Ich brauche euch nicht. Im Gegenteil, gerade die schwächer scheinenden Glieder des Leibes sind unentbehrlich. Denen, die wir für weniger edel ansehen, erweisen wir umso mehr Ehre und unseren weniger anständigen Gliedern begegnen wir mit mehr Anstand, während die anständigen das nicht nötig haben. Gott aber hat den Leib so zusammengefügt, dass er dem geringsten Glied mehr Ehre zukommen ließ, damit im Leib kein Zwiespalt entstehe, sondern alle Glieder einträchtig füreinander sorgen. Wenn darum ein Glied leidet, leiden alle Glieder mit; wenn ein Glied geehrt wird, freuen sich alle anderen mit ihm. Ihr aber seid der Leib Christi und jeder Einzelne ist ein Glied an ihm."
(1 Kor 12, 12-13. 18-27)

Wer Ehrenamtlichen Raum für ihr Engagement gibt, dient damit Gott, betreibt zwar nicht auf der kultischen Ebene, aber doch real „Gottesdienst", denn er dient den Charismen, die von Gott kommen. Wenn dieser Grundgedanke in Kirchen, Gewerkschaften, Vereinen und auch Parteien wieder Richtschnur wird, gibt es auch wieder mehr Lebendigkeit.

Zusammenfassung

Der Kern eines Unternehmens wie einer Non-Profit-Einrichtung besteht in den Menschen, die die Werte des Unternehmens, des Verbandes, der Kirche Wirklichkeit werden lassen. Es ist ein großer Irrtum, statt der an Werten orientierten Mitarbeiter und Mitglieder die Strukturen an die erste Stelle zu setzen. Daraus folgt nur eine endlose Reihe von Sitzungen, die das Engagement gerade der Ehrenamtler verschleißt. Ob ein Industrieunternehmen, eine Gewerkschaft, ein Verband, eine kirchliche Einrichtung: Wenn sie auf die Wertüberzeugung ihrer engagierten Mitarbeiter setzen, gewinnen sie die Ausstrahlung, die auch Außenstehende überzeugt.

4.2 Ehrenamtliche begleiten und fördern

Wer sich ehrenamtlich engagiert, will mehr aus seinem Leben machen. Will seinem Lebensauftrag intensiver nachgehen. Deshalb können wir davon ausgehen, dass nicht nur wir selbst uns weiterentwickeln wollen, sondern die ehrenamtlichen Gruppenmitglieder Energie und Motivation für neue Herausforderungen mitbringen. Ehrenamtliche, die für ihre persönliche Entwicklung eine Perspektive in ihrem Tätigkeitsfeld entdecken, sind „Gold“ wert, denn diese Energie braucht die Gruppe, das Gremium. Diese Energie trägt zu einer lebendigen Ausstrahlung des Vereins, des Verbandes, der Gruppe bei. Gleichzeitig können sich aus dieser Kraft neue attraktive Tätigkeitsfelder ergeben, in denen sich die Ehrenamtlichen verwirklichen wollen und können.

Ein Vorstand und Vorsitzende sollten sich nicht nur mit Projekten beschäftigen, sondern auch mit den Menschen, was sie motiviert, welcher Berufung sie mit ihrem ehrenamtlichen Engagement folgen und wo sie sich weiter entwickeln wollen. In Kap. 2.7 über die Anfangsphase ist bereits aufgezeigt, wie in der Konstituierungsphase einer Gruppe, eines Gremiums die Motivation, die Kompetenzen und Ideen der Einzelnen zur Sprache kommen. Das ist das Kapital, mit dem die Projektgruppe, das Gremium arbeiten kann. Es ist wichtig, zwischendrin nachzuhören, wo der Einzelne steht. Das kann in einem Anhörkreis geschehen, aber auch in einem Einzelgespräch. Denn eine wichtige Aufgabe auch der ehrenamtlichen Leitung besteht darin, die Charismen und Begabungen der Ehrenamtlichen zu begleiten und zu fördern.

Wie kann sie das tun?

Die Gespräche, die mit den Einzelnen geführt werden, sollten sich erst auf den Rückblick beziehen, damit die Erfahrungen benannt und ausgewertet werden. Dieses Gespräch hat zum Ziel, die Arbeit in dem jeweiligen Arbeitsfeld zu reflektieren, damit erkennbar wird, welche Unterstützung der/die „Mitarbeiter/in“ braucht bzw. ob ein neues Betätigungsfeld gefunden werden muss, weil er/sie seine/ihre Begabungen bisher nicht verwirklichen konnte. Begleitung und Förderung bedeutet deshalb immer auch, auf die Be-

gabungen, Charismen und Berufungen derer zu schauen, die sich ehrenamtlich engagieren. Nur so bleiben die Engagements dem Verein, dem Verband, der Kirchengemeinde erhalten.
Damit die Berufungen gefördert werden, sind auch Fortbildungen für Ehrenamtliche als selbstverständliches Instrument der Weiterentwicklung zu sehen. Deshalb sollten auch die Ehrenamtlichen zu Qualifizierungsmaßnahmen ermutigt und unterstützt werden.

Im Anhang finden Sie einen Arbeitsbogen zum „Mitarbeitergespräch". Diesen Bogen können Sie der Mitarbeiterin, dem Mitarbeiter zur Vorbereitung für das Gespräch aushändigen, das macht dann das Gespräch einfacher und leichter.

Checkliste – Mitarbeitergespräch

Checkliste für den/die Mitarbeiter/in, um sich auf das Gespräch vorzubereiten

Rückblick auf das letzte halbe Jahr, das letzte Jahr

- Wie ist es Ihnen in dem Aufgabenfeld ergangen?
- Sind die Aufgabenbereiche noch klar definiert, genügend abgegrenzt von den Bereichen der anderen, gibt es Überschneidungen, gibt es Konflikte, wie funktioniert die Kooperation?
- Inwieweit können Sie Ihre ursprüngliche Motivation, Ihre Berufung in den verschiedenen Aufgabenbereichen leben?
- Wie erleben Sie die Zusammenarbeit im Team, in der Gruppe, im Vorstand?
- Erfahren Sie Unterstützung?
  Wo gibt es Schwierigkeiten?
  Gibt es Anzeichen für Mobbing?

Zielvereinbarungen für den nächsten Zeitabschnitt

- Welche Ziele konnten Sie erreichen? Was ist liegen geblieben und weshalb?
- Welche neuen Ziele sehen Sie?
- Welche Projekte wollen Sie abgeben, welche wollen Sie entwickeln, welche laufen aus?
- Was wollen Sie im kommenden Jahr angehen?
- Welche Fragen bringen Sie mit?
- Was möchten Sie mit mir absprechen bzw. vereinbaren?

Qualifikation

Über welche Qualifikation und Kompetenzen bzgl. Ihres Aufgabengebietes verfügen Sie?

- Für welche Aufgabenbereiche benötigen Sie Unterstützung?
- Welche neuen Anforderungen stellt die Aufgabe an Sie?
- Welche Ihrer Kompetenzen werden im Augenblick nicht abgerufen?
- Welche Fortbildung käme für Sie in Frage?

Zukunftsperspektiven

- Welche Vorstellungen haben Sie für die nächsten Jahre?
- Worin kann ich Sie unterstützen?

Das Bilderlexikon der christlichen Symbole
Eckhard Bieger SJ
St. Benno-Verlag
380 Seiten, 16,5 x 23,5 cm, gebunden, mit Schutzumschlag, durchgehend mit Farbabbildungen gestaltet
ISBN 978-3-7462-2486-2

CHRISTLICHE SYMBOLE IN KIRCHEN, KUNST UND ARCHITEKTUR

- *ein prächtig illustriertes Lexikon*
- *ausführliche Erklärungen zur Kirchenarchitektur*
- *ungewöhnliche Einblicke in die schönsten Kirchen Deutschlands*

Warum sind Kirchtürme oft achteckig? Welche Bedeutung haben bestimmte Farben, Tiere oder Gegenstände? Die Symbolsprache in Bildern und Mosaiken, im Kirchenbau, in der Gestaltung von Kanzeln, Taufbecken und Altären ist oft so dicht, dass die Kenntnis christlicher Symbole erst ihre ganze Bedeutung erschließt. In diesem mit zahlreichen farbigen Abbildungen gestalteten Band werden alle wichtigen Symbole und deren Bedeutung fundiert erklärt. Ein Überblick über die Geschichte der Kirchenarchitektur erläutert den historischen Kontext der Symbole. Die zahlreichen, informativen Bilder machen dieses Lexikon besonders wertvoll und anschaulich.

Knigge: Krankenbesuch
Von Achtsamkeit bis Zuversicht
Willibald Troemer
St. Benno-Verlag
96 Seiten, 10,5 x 16,5 cm,
Klappenbroschur
ISBN 978-3-7462-2390-2

KLEINER KNIGGE FÜR KRANKENBESUCHE

- *praktische Verhaltenstipps*
- *übersichtlich mit alphabetisch geordneten Stichworten*
- *besonders ansprechende Krankengebete*

Bei einem Krankenbesuch fühlen sich viele Menschen unsicher: Wie verhalte ich mich richtig? Wie kann ich echten Trost spenden und Mitleid zeigen, ohne zu verletzen? Was sollte man vermeiden? Dieses Handbuch will hier Abhilfe schaffen und Unsicherheiten beseitigen. In alphabetisch geordneten Stichworten von »Achtsamkeit« bis »Zuversicht« bekommen Sie konkrete Tipps, wie Sie Kranken richtig begegnen. Eine umfangreiche Sammlung besonders geeigneter Krankengebete rundet den Knigge für Krankenbesuche ab und hilft dabei, Kranken auch spirituell Beistand zu geben.

Die Feste im Kirchenjahr
Entstehung, Bedeutung, Brauchtum
Eckhard Bieger
St. Benno-Verlag
108 Seiten, 11 x 17 cm, Klappenbroschur
ISBN 978-3-7462-1990-5

VOM ADVENT ZUM ADVENT

- über 100 Begriffe rund um das Kirchenjahr kompetent und spannend erklärt
- Entstehung, Geschichte und Brauchtum der Feste
- ökumenisch ausgerichtet

Dieser handliche Wegweiser durch das Kirchenjahr erklärt in über 100 Artikeln alle wichtigen Feste in ihrer Entstehung, ihren biblischen Grundlagen, ihrer Geschichte und ihrem Brauchtum. Die Texte sind übersichtlich strukturiert und enthalten alle wichtigen Informationen zu den bedeutendsten Festen der Christen im Kirchenjahr von Advent bis Christkönig-/Ewigkeitssonntag. Das Buch ist zusätzlich durch ein alphabetisches Register erschlossen, so dass auch ungewohnte Begriffe aus der religiösen Sprache schnell nachgeschlagen und zugeordnet werden können.

Taschenlexikon christliche Symbole
Eckhard Bieger SJ
St. Benno-Verlag
120 Seiten, 10,5 x 16,5 cm,
Klappenbroschur
ISBN 978-3-7462-2180-9

KOMPETENT. ANSCHAULICH. UMFASSEND.

- *christliche Symbole auf einen Blick*
- *alphabetisch geordnete Stichworte und Erläuterungen*
- *ausführlicher Anhang zur geschichtlichen Entwicklung*

Sie begegnen uns nicht nur in Kirchen und auf Gemälden, sondern auch in Redewendungen und auf Schritt und Tritt im Alltag: christliche Symbole. Sie haben unsere Kultur tief geprägt, und so hat etwa die symbolische Bedeutung von Tieren, Farben oder Zahlen ihren Ursprung häufig in der christlichen Religion. In diesem handlichen Lexikon können Sie schnell alle wichtigen Symbole und deren Bedeutung nachschlagen. Zahlreiche Querverweise machen Zusammenhänge deutlich. Ein Überblick zur Geschichte der Kirchenarchitektur erläutert den historischen Kontext der Symbole und Zeichen.